ビジネスエリートが
なぜか身につけている

教養としての落語

立川談慶
Dankei Tatekawa
落語家

サンマーク出版

はじめに

“和製チャーチル”吉田茂が愛したもの

吉田茂元首相が、選挙活動中にコートを着たままぶっきらぼうに演説をしている際に、「外套《がいとう》をとれ！」と聴衆から野次を飛ばされたとき、こう言い返しました。

「外套を着てやるから、街頭演説です」

1916年に寺内正毅内閣が発足し、旧知の間柄であった寺内首相に「総理大臣の秘書官をやらんか」と水を向けられたときには、

「総理大臣なら務まるかもしれませんが、秘書官はとても務まりそうもありません」

晩年に訪問客から「お顔の色が大変いいようですが、何を召し上がっていらっしゃるのですか？」と問われたときはこうです。

「人を食ってます」

吉田元首相は、人の心をつかむ才能に溢れた人でした。彼の言葉は、表面的にはシニカル（冷笑的）でありつつも、温かな人情味を秘めていて、周りの人間を魅了し続けたそうです。

その才能は外交の局面でも遺憾なく発揮されます。

執務中、ほとんど席に着かず、室内を歩き回るのが常だったＧＨＱのマッカーサーに対し、吉田元首相は愛嬌を込めてこう声をかけます。

「まるで檻の中のライオンだな」

マッカーサーはニヤリとしたあと、吉田首相にフィリピン製の葉巻をすすめます。

しかし彼は、「私はキューバ製しか吸わない」と、ストレートに断ります。

一見不遜な吉田氏ですが、マッカーサーは非常に気に入り、彼との面会には必ず応じるようになったのだそうです。

その後、吉田氏が「餓死者が出るから食糧輸入をしてほしい」とマッカーサー元帥に交渉したとき。「日本の数字は杜撰《ずさん》だ」と責められた際に返した言葉はこうでした。

「戦前に日本の統計がもし完備していたなら、あんな無謀な戦争はやらなかったろうし、もし完備していたら、勝っていたかもしれない」

吉田茂元首相といえば、敗戦後の日本の政治や経済を復興させた〝立役者〟。連合国軍総司令部（ＧＨＱ）のマッカーサー元帥の指示を受けながら、敗戦した日本を復興させた総理大臣です。

アメリカの要望を聞き入れながら、日本側のメリットも守る。さまざまな交渉術を駆使し、難しい大役を果たしてくれた偉人です。その政治力と葉巻をこよなく愛したことから「和製チャーチル」と呼ばれました。

「吉田首相がサンフランシスコ平和条約の締結に注力したおかげで、ＧＨＱによる日本の支配が早めに終わった」そう評価する声まであります。

そんな彼が愛してやまなかったのが〝落語〟です。

彼の落語マニアっぷりは有名で、古今亭志ん生《ここんていしんしょう》師匠（五代目）や桂文楽《かつらぶんらく》師匠（八代目）などを料亭にまで呼び、落語をきいていたほどです。

落語が彼の人間力、政治力に多大な影響を与えていたことは疑いようがありません。

また、業界内外を問わず評価が高く、池上彰氏からも「今の自民党にあれだけのスピーチができる人はいないだろう」と演説力を高く評価されている小泉進次郎氏も無類の落語好きの一人です。

彼は、時間を見つけては寄席に足を運び、移動中も落語の音源をきいているそうで、ブログでは「落語は演説の勉強になる」と公言しています。

その他にも、「日本資本主義の父」と称される渋沢栄一氏をはじめとする経営者などにも落語を日常的にきいている人が数多く存在しています。

落語というのは、人の上に立つものにとって必要不可欠な、人の心をつかむ術《すべ》を身につけるツールとなっているのです。

パーティーで「一眼国」が外国人から絶賛された理由

彼らが落語をきくのは、単に「人の心をつかむ術が身につく」からだけではありません。

落語は日本の「文化」、日本人特有の「価値観」を教えてくれます。それは落語が単なる「娯楽」にとどまらず、伝統芸能としての側面があるからです。

古典落語の中に「一眼国《いちがんこく》」という落語があります。

――一眼国

昔、「一つ目の国」があるという噂を聞きつけた男がいました。男は「『一つ目小僧』をさらってきて見世物小屋に出せば大もうけできる」と目論み、探しに行くことにします。男は尋ね歩いた先でようやく「一つ目小僧」を見つけ、見世物小屋に出すためつかまえようとするのですが、なんと、現地人に逆につかまえられてしまいます。

そして、こんな言葉をかけられます。

「こいつは珍しい、二つ目をしている。見世物小屋に売り飛ばせ！」

「一眼国」は、「自分たちが抱いている価値観は、あくまでも自分たちのエリアでしか通用しない」という真理を教えてくれます。

私はこの落語を英語に訳してもらい、とある外国人が集まるパーティーで披露しました。その結果、多くの欧米の皆さんから、「グレイト！」という絶賛の言葉をいただくことができたのです。もちろんその後、パーティーに来場されていたビジネスエリートの方々に話しかけていただき、予想以上にコミュニケーションがとれたことはいうまでもありません。

このパーティーで実感したことですが、欧米のビジネスエリートたちは自国の文化や伝統芸能に精通しています。そして、自国の人たちがどのような価値観を持っているのかもちゃんと話せます。ビジネスエリートにとって「自国の文化・伝統芸能」は、教養として当たり前の知識であり、コミュニケーションツールになっているのです。

元プロサッカー選手の中田英寿氏が、日本各地を旅するようになったのは、海外で生活しているときに日本の文化や伝統について尋ねられることが多く、「もっと日本のことを知りたい」と感じたからだそうです。中田氏は現在、お菓子メーカーの執行役員を務め、日本酒の良さを世界に広める会社を設立するなど、ビジネスマンとしても活躍しています。国内外問わず、自国の文化・伝統芸能はビジネスエリートにとって共通言語になりえます。「落語」を知るということは、日本の文化・伝統芸能を知り、日本人の価値観を知るということです。落語は、日本各国を旅せずとも、日本について深く知ることのできる最強のツールなのです。

落語は人間の失敗図鑑

落語は人間の本質をも教えてくれます。

私の師匠だった故・立川談志（七代目）は「落語とは人間の業《ごう》の肯定だ」と看破しました。平たく言うと、「人間とは所詮〝どうしようもないもの〟なのだ」という意味です。そんな彼の主張を裏付けるかのように、落語には〝どうしようもない人〟ばかりが登場します。

前出の「一眼国」の主人公のように、他人をうまく利用しようとしたり。スキあらばタダ酒にありつこうとしたり。片思いや横恋慕に悩んでばかりいたり。お金もないのに見栄っ張りだったり……。

言うなれば「成功していない人」「ダメな人」「イケてない人」のオンパレードなのです。そして、落語の筋書きの多くは、失敗談ばかりです。その様相は「失敗図鑑」と呼んでもよいでしょう。「落語」というのは、時代が変わってもどれだけ世の中が発展しても、変わらない人間の本質を教えてくれるのです。

小泉進次郎氏はこのように話します。

「政治の世界はストレスも多いが、心がささくれ立っている時も落語をきいていると、世の中の何でも許してしまえる。世の中でうまい酒のひとつが、落語をきいた後で飲む日本酒だ」

落語の世界を見ていると、失敗ばかりの世の中だからこそ、皆が上手に〝小さな迷惑〟を〝シェア〟し合い、「お互い様」「持ちつ持たれつ」で生きていることにホッとさせられます。そもそもそんな「和を重んじる心」こそ、私たち日本人が本来もっている美徳であり、今こそ身につけるべき教養なのではないでしょうか。

この本では、

◆大物政治家や経営者がきいていた
「人の心をつかむ術」を身につけるツールとしての落語
◆ビジネスエリートにとって共通言語である
「日本の文化・価値観」を知るツールとしての落語
◆「人間の変わらない本質」を教えてくれる落語

そんな教養としての落語を、今まで一度も落語に触れたことのない人にも理解できるように解説しています。

最低限知っておきたい知識はもちろんのこと、落語の歴史から、知っておくと一目置かれる話。さらに、そのほかの伝統芸能の知識を、落語と比べながらわかりやすく説明しています。

「落語について知りたいけど寄席に行くのはハードルが高い」

「日本人として、伝統文化を知っておきたい」

そう思ったことがある方に、ぜひ読んでほしいと思います。

ビジネスエリートがなぜか身につけている　教養としての落語　目次

第1部　これだけは知っておきたい日本の伝統芸能「落語」

第1章　これだけ知っておけば間違いない落語の「いろは」

第2章

噺の構造と落語家の出世

第3章

ニュースや会話によく出てくる名作古典落語

第2部

日本の伝統芸能と落語界のレジェンドたち

第4章

落語と比べると理解しやすい日本の伝統芸能

第5章 これだけは知っておきたい落語界のレジェンド

第3部 ビジネスマンが知っていると一目置かれる落語

第6章

世界の笑いと落語

第7章

これを知っていればあなたも落語通！使える落語

ブックデザイン　三森健太（ＪＵＮＧＬＥ）
編集協力　山守麻衣
校閲　鷗来堂
ＤＴＰ　天龍社
編集　淡路勇介（サンマーク出版）

第1部

これだけは知っておきたい

日本の伝統芸能「落語」

第1章

これだけ知っておけば間違いない落語の「いろは」

落語の原点『醒睡笑《せいすいしょう》』は仏教の聖書的存在だった

落語の起源は、江戸時代初期の1623年、徳川家光が第三代将軍に任命された年に作られた『醒睡笑《せいすいしょう》』という「笑い話」を集めた作品集だといわれています。

この作品に収載されている話は最後に〝オチ〟がついており、現在でも演じられている古典落語のいくつかの噺《はなし》の元になっています。作者の安楽庵策伝《あんらくあんさくでん》は「落語の祖」といわれています。

この安楽庵策伝という人物は、浄土宗の僧侶で、茶道にも精通した教養人でした。彼は豊かな教養をベースに、仏教の教えを滑稽にわかりやすく庶民に伝える「説教僧《せっきょうそう》」として活躍します。

『醒睡笑』は彼が仏教を広めるべく考えた「説教の題材ネタ」が詰まった作品で、いわば「仏教の聖書的存在」です。

落語というと、「お笑い」のイメージが強いかもしれませんが、落語の元になった『醒睡笑』は、実は仏教がルーツだったのです。

江戸時代前期に京都で活躍した落語家・露《つゆ》の五郎兵衛《ごろべえ》が書いた『軽口露《かるくちつゆ》がはなし』（1691年成立）では、全88話のうち28話が『醒睡笑』に由来しています。

このように『醒睡笑』は落語に大きく影響を与え、その影響は、現代でも上演される古典落語にまで及びます。たとえば「子ほめ」や「たらちね」※1などは大変人気のある演目ですが、その元ネタは『醒睡笑』だとわかっています。特に「子ほめ」は頻繁に上演され、初心者でもわかりやすいネタであるため、教養として最低限知っておきたい古典落語といえるでしょう。あらすじを紹介します。

――子ほめ

ある日のこと。ぼんやりしたところのある熊公《くまこう》が、ご隠居から〝お世辞〟についての入れ知恵をしてもらいます。

「45歳の人を見たら『42歳』とほめればいい。そうやっておだてれば、飯をおごってもらえることもある。とにかく年齢を若めに言えばいいんだ」

熊公はさっそく友人の家に行き、赤ん坊をほめます。

「赤さんの年齢は、おいくつで?」

「生まれたばかりだから一つだ」

「それは、お若く見える。どう見ても半分だ」

「子ほめ」とは、「若く見えると言われれば誰でもうれしい」という、人の心理をついた話です。

落語というのは、決して古臭い話ではなく、仏教になじみのない多くの衆民にも興味を持ってもらうために策伝が知恵を絞って考えた「笑い話」なのです。そして、現代にも通ずる普遍的なテーマを取り扱っているからこそ、伝統文化でありながら、現在も絶大な人気を誇っているのです。策伝がもし現代に生きていたら、流行作家、もしくはテレビやラジオの構成作家として大活躍をしていたかもしれません。

最初の落語家は秀吉に仕えた「曽呂利新左衛門《そろりしんざえもん》」

古典落語の元となった『醒睡笑』の作者は「落語の祖」と呼ばれています。では、「最初の落語家」は誰だったのでしょうか。「元祖落語家」は、天下統一を果たした、あの豊臣秀吉に仕えた一人の男性だったと言い伝えられています。

その男性の名は、「曽呂利新左衛門《そろりしんざえもん》」。

曽呂利は刀の鞘《さや》を作る腕利きの職人で、彼の作った鞘に刀を差し入れると「そろり」とよく入ったことから「曽呂利」と呼ばれるようになったそうです。彼は鞘づくりだけでなく、コミュニケーション能力にも秀でていて、秀吉の「御伽衆《おとぎしゅう》（相談や雑談の相手役）」も務めていました。つまり、とっても話し上手で、とんちの才能があり、秀吉に気に入られていたのです。

曽呂利は「架空の人物」ではないかという説もありますが、彼にまつわるエピソードは数多く存在します。

中でも有名なのは、「枯れた松を見て、うなだれていた秀吉を励ましたエピソード」でしょう。

秀吉が病気にかかり、日に日に衰弱していたときのことです。

大切にしていた盆栽の松の木まで、なぜだか枯れてしまい、秀吉は一層気落ちし、さらに体調を崩していきました。

側近たちが「いい医者はいないか」と探し回っているうちに、御伽衆である曽呂利が話し相手を務めることになりました。

事情を聞かされた曽呂利は、秀吉の前で歌を詠みます。

「御秘蔵　常盤の松は枯れにけり　千代の齢《よわい》を君にゆずりて」

（※「秀吉様が大切にされている松は、その千年の寿命をご主人に譲り、身代わりになって命を終えた」という意味）

すると、秀吉は大変喜びました。

「ああそうか、松が枯れてしまったのは、俺の身代わりになってくれたからなのか、なるほど……」

「病は気から」ということわざもあります。それから、秀吉の体調はみるみるうちに快復し、曽呂利は褒美を与えられることになりました。

このエピソードのように、落語には「人をほめて気持ちよくさせる」話がよく登場します。落語をきいている人が「気のきいた返しをとっさに言える」のは、これらの話が身に染みついているからでしょう。

落語は江戸時代、庶民の娯楽だった

曽呂利新左衛門が亡くなったあと、落語は「大衆文化」として進化を遂げていきます。

その後の「元禄」の時代（1688〜1704年）は大阪を中心に、「文化文政」の時代（1804〜1830年）は江戸を中心に、落語が広まっていきました。

このように、落語は江戸時代に大きく花開いた文化です。

江戸時代に、多くの落語が完成し、それらが現代まで口伝え（口伝）で引き継がれてきたと考えてください。

なぜ江戸時代に、落語が大衆に広まり、人気を呼んだのか。

その理由の一つとして、江戸時代に生きる人たちのメンタリティー（精神性）の問題があると推察されます。
当時から、町人たちは様々なリスクの中で生活を送っていました。
代表的なリスクといえば「天災」と「火事」です。

「地震」や「台風」などの「天災」は、現代の私たちの生活とも隣り合わせのものですが、科学技術の発達により、かなりの程度まで事前に予想をしたり、SNSで情報を共有したり、助け合うことで、被害を食い止めることができるようになりました。しかし、カンや経験則に頼って生きるしかない江戸時代の人たちにとって、いつ来るかもしれない天災の恐怖がいかに大きなものだったかは想像に難くありません。

また「火事」も大きなリスクです。現代とは違って、当時は木造建築ばかりですから、いったん火がついてしまうと、近隣に燃え移るのも早く、あっという間に被害が拡大してしまいます。つまり、自分の力だけではどうにもならないのが「天災」や「火事」でした。

極論すると、江戸時代とは「死と隣り合わせのストレスフルな時代」だったと言えるでしょう。

そのような時代背景があるわけですから、反動として「宵越しの銭は持たない（その日に得た収入は、当日中に使い果たす）」という刹那的な気性になる庶民も多かったのではないでしょうか。

つまり、過酷な環境下で生き抜くために、少しでも楽しく笑いながら過ごすために、落語という娯楽が広く庶民に求められ、愛されたというわけなのです。

「古典落語」は著作権なしのカバー曲、新作落語はオリジナルソング

落語には「古典落語」と「新作落語」がありますが、この二つの違いは何でしょうか。

江戸時代に完成した落語の演目は、その後、明治、大正、昭和……と現代にまで伝わります。

その演目の数については、諸説あり、正確に把握することは困難ですが、「300くらい」というのが定説になっています。

それらをまとめて「古典落語」と総称しています。「古典落語」はほとんどの演目の作者が明らかになっていません。和歌でいうところの「詠み人知らず」と同じです。

現代の落語家はこれらの「古典落語」の作品を、いつでも誰でも演じてよいのです。

さらにいうと、話の細部を自由に演出したり、脚色したりしてもかまいません。落語家

によっては、話の結末を大きく変えることだって珍しくありません。

古典落語をきっちりと踏襲して演じる落語家もいれば、その日のお客さんの反応を見て、臨機応変にアレンジをする落語家もいます。つまり、古典落語をベースとして、どう〝料理〞するかは落語家一人一人の裁量にゆだねられているのです。

このような「古典落語」に対して、現代の落語家が作った落語を「新作落語」と呼びます。これは、作り手である落語家の名前がはっきりしている演目のことです。

落語家の中には、新作落語を精力的に作り続けている人もいます。

たとえば、桂文枝《かつらぶんし》師匠(六代目)もその一人です。文枝師匠は「新作落語」のことを「創作落語」と呼び習わし、すでに200を超える作品を発表しています。

つまり、音楽にたとえるなら、現代で演じられている新作落語は「オリジナルソング」、古典落語は「カバー曲」といえるでしょう。

ただし、現代の日本で、「落語」と表現する際、たいていは「古典落語」のことを指します。

落語家はネタバレしている噺を何回もして、なぜ生きていけるのか

多くの落語家たちがカバーする対象、「古典落語」の噺の数は約300あると先ほどお話ししました。

もちろん、マイナーな噺から上演回数の多い有名な噺まで、人気の差はあります。それら全てをかきあつめても、「わずか300しかない」という見方ができるでしょう。

なぜなら、それらをカバーする落語家たちの数は、1000人近くもいるからです。

「現役の落語家1000人が、その3分の1以下の数である300の噺をカバーして活動している」

そう聞くと、落語という世界の特殊性が、おわかりいただけるのではないでしょうか。

作家の故中島らもさんも、生前に次のような指摘をされています。

「落語家が東西合わせて数百人しかいない状態で、その落語家の数より少ない落語を語って商売になっていること自体が不思議でならないですよ」

彼は「古典落語に負けないような新しい落語を作る」と宣言し、有言実行。実際に並は

ずれた才能と教養を頼みにして、小説家でありながら、優れた新作落語を何作も残したのです。

たとえば、ポップスや演歌などの歌謡曲のジャンルで、このような状況は起こりえません。

多くの歌手は、自分独自のオリジナル曲で勝負に出ようとします。

「他人の曲をカバーして勝負しよう」という歌手はすでにベテランで余裕があるか、ごく少数派であるはずです。

言い換えると、古典落語の噺は、いずれも完成度が高く、普遍性があり「時代を超えても受け入れられる力をもっている」ということです。

歌謡曲の世界でも「多くの歌手がカバーしたくなる〝名曲〟」は存在します。

古典落語の場合、ほぼ全ての噺のクオリティーが、そのくらい高水準なのだと考えてみてください。このような構図こそ、落語が〝スタンダードな芸能〟である証拠だと言えるでしょう。

つまり古典落語を演じる落語家とは、すでに完成した「噺」という「型」を自分流にアレンジして現代に再現させる「職人」なのです。

「上方落語」と「江戸落語」は何が違うのか

また、落語には「上方落語」と「江戸落語」の2種類があります。

教養として、「上方落語」と「江戸落語」の違いを知っているだけで、より深く落語を楽しみ、語ることができるので、ここでは「上方落語」と「江戸落語」の違いを簡単にご紹介します。


まず最大の違いは、「発祥した場所」です。

「上方落語」とは、「上方」、つまり商人の町として繁栄していた大阪や京都などで生まれた落語を指します。

江戸時代まで天皇は京都に住んでいましたので、そのため京都を中心とする関西を「上方」と呼んでいました。

もともと関西地方で行われる落語は、「大阪落語」「京都落語」などと称されてきましした

江戸落語と上方落語の違い

江戸落語

- ◈ 発祥は江戸
- ◈ 侍の間で「お座敷芸」として発展する
- ◈ 上方落語が江戸に伝わった
- ◈ 高座の上に小机は置かない

上方落語

- ◈ 発祥は大阪や京都
- ◈ もともとは大道芸のように野外で演じられていた
- ◈ そのため三味線や太鼓などが鳴りにぎやか
- ◈ 高座の上に見台《けんだい》という小机を置くこともある

が、1932年に発行された『上方』という雑誌で初めて「上方落語」という語が使われ、それ以降、その呼び名が定着しています。

「上方落語」は今でいう大道芸のように、野外で演じられることが多かったため、通行人の歩みを止めてきかせる必要がありました。そのため、三味線や太鼓などの楽器演奏を取り入れるなど、派手でにぎやかな演出が特徴です。

「上方落語」に対して、「江戸落語」とは、文字通り江戸でできた落語をいいます。江戸といえば、幕府のお膝元ですから、100万人程度の人口の半分ぐらいが侍でした。「江戸落語」は彼らの間で「お座敷芸」として発展を遂げていきます。

高座で使用する道具にも、違いがあります。実は「上方落語」だけでしか使われない小道具、というのがあるのです。

「見台《けんだい》」という落語家の前に置く小さな机（布団や湯船を表現する）や音が鳴る道具「小拍子」（効果音を自分で出す）、落語家のひざを隠すついたて「膝隠し」などです。

大阪の落語は、一度なくなった⁉

順序でいうと、最初に「上方落語」が元禄時代に起こり、それが江戸に伝わって「江戸落語」が爆発的に流行した、という流れになります。それからも、落語の流派は分かれたり集合したりを繰り返しますが、「上方落語」は勢いを急速に失っていきます。

そこに追い討ちをかけるように、「上方落語」に最大のピンチが訪れます。戦争です。

戦時下では、落語や漫才など大衆の笑いに関する文化は、国から厳しく統制されました。たとえば1937年には「興行取締ニ関スル件」というお触れが出されています。このお触れにより、各種芸能団体は警察の指導を受け、演目や活動などを自粛せざるをえませんでした。

そして、１９４５年。第二次世界大戦が終わると、「上方落語」は、もう虫の息でした。３００年もの歴史を誇る〝伝統笑芸〟でしたが、落語家の数は激減。戦前、いくつもあった寄席は、一つ残らずなくなってしまいました。

それから大阪に寄席ができるまで、約60年もの歳月が必要でした。

２００６年になって、大阪府大阪市北区天神橋にある神社の大阪天満宮から敷地が無償で提供されたり、一般から広く寄付が集まったりして、「上方落語」をライブで楽しめる寄席小屋「天満天神繁昌亭」がオープンしたのです。

上方落語を復興させた「桂米朝」

上方落語の復興を支えたのは、「四天王」と称される偉大な落語家たちでした。笑福亭松鶴《しょうふくていしょかく》（六代目）、桂米朝《かつらべいちょう》（三代目）、桂春團治《かつらはるだんじ》（三代目）、桂文枝（五代目）など各師匠たちです。

中でも、目覚ましい功績を遺したのは「上方落語の至宝」と称された桂米朝師匠です。

彼は第二次世界大戦後、引退した落語家を訪ね歩き、聞き取り調査を行い、『上方落語ノート』という本を出版しました。それだけではありません。京都の祇園に度々通い、芸妓《げい ぎ》の仕草や踊りを習得。「狂言」や「戯《ざ》れ歌《うた》」なども身につけ、「上方落語」を、「上方諸芸」を凝縮した文化として、復興させようと試みたのです。

つまり、大きな流れで見ると、順調に発展を遂げてきたのが「江戸落語」。波乱万丈を乗り越えてきたのが「上方落語」だといえます。

このように全く異質なものに見える「江戸」と「上方」ですが、落語家が行き来をして、相互に刺激を与え合うこともありました。

たとえば、関東大震災（１９２３年）の直後などです。

東京近辺で職を失った落語家が、大阪によく出稼ぎをしていたのです。その際に、大阪から東京に〝持ち帰った〟文化の一つが「出囃子《でばやし》」（落語家が登場するときの音楽）です。

それまで「江戸落語」では、出囃子のような音楽は一切ありませんでした。ところが「上方落語」の影響を受けて、「三味線や太鼓、鐘や笛などのにぎやかな音楽とともに入場する」というスタイルが、東京でも急速に広まったのです。

「立川」「林家」「桂」は名字ではない!?

私の名前は「立川談慶《たてかわだんけい》」ですが、「立川」は名字ではありません。

落語の世界では「立川」「林家」「桂」などの名前の名字にあたる部分は、「亭号《ていごう》」や「屋号」という呼び方をします。

落語家の名前は、弟子入りした師匠の亭号をそのままもらい、下の名前は師匠につけてもらいます。私は立川談志に弟子入りしたので、談志に「談慶」という名前をつけてもらい「立川談慶」と名乗っているというわけです。

落語家の有名な屋号は他に「古今亭」「春風亭」「柳家」「三遊亭」「月亭」などがあります。テレビで活躍されている笑福亭鶴瓶師匠の「笑福亭」も落語家の屋号の一つです。

また、歌舞伎役者の名前では「市川」「尾上」「片岡」「中村」「松本」などが有名ですが、これらは屋号ではありません。歌舞伎役者は名前のほかに「成田屋」「音羽屋《おとわや》」などの屋号があります。たとえば、市川海老蔵さんの屋号は「成田屋」、尾上菊之助さんは「音羽屋」、松本幸四郎さんは「高麗屋」というぐあいに。

落語家と歌舞伎役者の名前

落語家の有名な亭号・屋号

立川

立川談志　立川志の輔
立川志らく　立川談春

林家

林家三平　林家たい平
林家木久扇

桂

桂米朝　桂文楽　桂歌丸

三遊亭

三遊亭円楽　三遊亭小遊三

古今亭

古今亭志ん朝　古今亭志ん生

春風亭

春風亭小朝　春風亭一之輔
春風亭昇太

歌舞伎役者の有名な屋号

成田屋

市川團十郎　市川海老蔵

音羽屋《おとわや》

尾上菊五郎　尾上菊之助
尾上松也

中村屋

中村勘三郎　中村勘九郎
中村七之助

大和屋

坂東玉三郎

萬《よろず》屋《や》

中村錦之助　中村獅童

高島屋

市川左團次

高嶋屋

市川右團次

現代落語界の派閥は大きく4つに分かれる

現代の東京の落語界には、大きく分けて4つのグループが存在しています。

歴史が長く、所属しているメンバーの数も多い「落語協会」と「落語芸術協会」。そして、落語協会から分裂する形でできた「円楽一門会」、私が所属する「落語立川流」です。

ただし、これらの4つのグループは「互いに仲が悪い」というわけではありません。

もちろん、落語家という個人のレベルで見ると、「○○と××は特に仲がいい」「△△と□□は、あまり気が合わない」ということはあります。ただ「うちは、あのグループとは一切付き合わない」というほど、固定化された関係ではありません。

また、これらのグループは、「主義主張」や「方針」がそれぞれ異なる、というわけでもありません。

「与党」と「野党」のように、明確な対立構造があるわけではなく、落語家個人が「どの師匠に入門したか」で、ほぼ自動的に決まってしまうというほどのものなのです。

とはいえ、4つのグループが成立してきた流れを知ると、現代日本の落語界の動きについて途端に理解しやすくなります。「4つの派閥」という構造は、いわば落語業界の〝見取り図〟なのです。

〝超老舗〟団体である「落語協会」と「落語芸術協会」

まず、押さえておきたいのは「落語協会」「落語芸術協会」という二つの社団法人です。いずれも、戦前から東京を拠点として活動を続けてきた〝超老舗〟の団体です。この二大協会が、日本の落語界を支えてきました。

ただし、その目指すところや対象は微妙に異なります。「落語協会」は、「古典落語」の継承や研究に努めています。一方、「落語芸術協会」は、落語の創作や研究に、重きを置いています。このような違いは、「古典の協会、新作の芸協」とよく形容されます（とはいえ、「落語芸術協会は古典落語を全く扱わない」というわけではありません。古典落語の名人も多く在籍しています）。

歴史を紐解いてみると、より古いのは「落語協会」のほうです。

「落語協会」は１９２３年に創立され、１９７７年に法人格を取得し、社団法人となりました。

「落語協会」が発足したきっかけは、関東大震災でした。東京が壊滅状態になったことを受け、当時の落語家たちが集結したことが、発端になっています。

一方、「落語芸術協会」は、１９３０年に創立され、「落語協会」と同じく１９７７年に法人格を取得し、社団法人となりました。

実はこの「落語芸術協会」の立ち上げには、吉本興業（当時）が深く関わっています。

その頃の落語家は、東京の寄席から、新興メディアであるラジオへの出演が禁じられていました。

その理由は、「寄席への関心を失わせないため」でしょう。

もちろん、そんな古いしきたりに反発した落語家もいます。柳家金語楼《やなぎやきんごろう》です。彼は当時絶大な人気を誇っていたのですが、ラジオ番組に出演したことで寄席に出演できなくなってしまったのです。

そんな彼を吉本興業が支援し、同じく人気者の春風亭柳橋《しゅんぷうていりゅうきょう》（六代目）と、金語楼にコンビを組ませて、新しい組織を立ち上げたのです。それが、現在の「落語芸術協会」の原形となりました。

「落語」に「芸術」という言葉がついているのは、「漫才やものまねなど、様々な芸術も総合的に取り入れていきたい」という、コンビの理念が込められているからです。

このように、二大協会は全く異なる過程を経て生まれ、20世紀前半から日本の落語界を引っ張ってきました。

伝統的な昇進制度に反発した2人のカリスマが独立

とはいえ、「落語家」という個性豊かな人間たちが集まっているわけですから、トラブルや問題が起こらないわけがありません。

1978年には、三遊亭圓生《さんゆうていえんしょう》師匠（六代目）が「落語協会」から脱退し、新団体「落語三遊協会（のちの円楽一門会）」を創設しました。

また、1983年には、私の師匠である立川談志が弟子とともに「落語協会」から脱退し、「落語立川流」を創設しました。

つまり二人のカリスマが、落語のメインストリームである組織に反旗をひるがえし、「自分たちで、独自に活動をしていく」という行動に出たのです。

もちろん、そこには明確な理由がありました。いずれのケースも「真打ち昇進をめぐっての考え方の相違」が、騒動の発端でした。そして二人のカリスマは、2019年現在、もうこの世にはいません。

「落語協会」から飛び出した「円楽一門会」と「落語立川流」のメンバーたちは、カリスマ亡きあとも、それぞれ独自の道を歩んでいます。

第2章
噺の構造と落語家の出世

落語の基本構成は「枕」「本題」「オチ」

時代を超えて受け入れられてきた落語の噺は「枕」「本題」「オチ」で構成されています。

まず「枕」でお客さんの緊張を解いて、「本題」である「噺」をじっくり聞かせ、物語の結末である「オチ」で感動させたり、笑わせたりする。

落語とは、このような一連の「型」で成り立っているのです。


まず「枕」から見ていきましょう。

「枕」とはそもそも、噺の導入部分、つまり噺の「頭」に置くことから命名されたといわ

知っておきたい 噺の基本構成

枕

和歌でいう「枕詞」にあたる部分。噺の導入として、自己紹介や時事ネタをこれから演じる本題とからめて話す。江戸の風習や時代背景について説明したりオチの伏線を張ることも多い。

↓

本題

メインとなる話。

↓

オチ

落語で一番重要な最後を締めくくる部分。「○○さんの話はオチがない」のオチは落語が由来。

れています。

和歌にも「枕詞」という技法があり、特定の言葉を修飾したり、歌全体の調子を整えたりします。落語における「枕」も、それと似ています。

落語家は、高座に上がると、お客さんに感謝を伝えます。それから自己紹介や近況を面白おかしく話したり、時事ネタと「本題」のテーマを絡めて話したり、「本題」に向けて、トークをうまくつなげていきます。古典落語の場合は、「枕」で江戸の風習について簡単にレクチャーすることもあります。これが「枕」です。

「枕」のわかりやすい落語といえば、名作「時そば」でしょう。

「時そば」では、江戸時代の時刻について

「枕」の部分で説明してから、「本題」に入ることが珍しくありません。なぜなら、江戸時代の時刻の数え方は独特で、それを理解していないと、オチでピンとこない恐れがあるからです。たとえば昔は、夜10時頃を「(夜の)四つ」、深夜0時頃を「(暁の)九つ」と呼んでいました。

このように基本的な知識をわかりやすく伝えてから本題に入るので、江戸の言葉や風習に慣れていないお客さんでも落語を楽しむことができるのです。

「枕」をきけば、落語家の腕前がわかる

落語の枕は、おおよそ次の四つに分類することができます。これはプレゼンやスピーチにも使えるので知っておいて損はありません。

①「本題」のバックボーンである時代背景などを解説する(昔の慣習や言葉を「本題」で初めて聞かされても、理解が難しいことがあるため)

②お客さんの反応を探る(どのようなネタ、どのような本編のアレンジがウケるか、落語家がリ

サーチできる）

③「オチ」への伏線を張る（噺の最後のオチで「枕で聞いたあのエピソードは、オチへの伏線だったのか」と気づいてもらえると、感動や笑いが増幅する）

④「オチ」とは逆の伏線を張る（「オチとは真逆のメッセージ」を逆算して「枕」で伝える手法も有効。たとえば、親子の情愛がテーマの本題の場合、「親なんかいらない」というエピソードを枕でしておくと、お客さんの感動が増す）

「枕」の面白さに定評がある落語家もいます。その代表格といえば柳家小三治《やなぎやこさんじ》師匠（十代目）でしょう。

「〝枕〟の小三治」という異名をとり、枕だけを集めた本も出版されているほどです。

一方、あえて「枕を割愛する」という落語家もいます。昭和の爆笑王・林家三平師匠（初代）です。

「どーも、すみません！」を連発する、というトリッキーなスタイルでしたが、それがトレードマークとなり、お茶の間に一大ブームを引き起こすことに成功しました。彼の場合、なんと「枕」がありませんでした。

このように、型をあえて踏襲しないケースもあります。しかし、たいていの落語家は、「枕」「本題」「オチ」という型に沿います。

客をどれだけ「本題」の世界に引き込めるか。「枕」は演者である落語家の個性やセンスがよく表れます。たとえるなら、お店のショーウインドーです。落語家の腕の見せどころであり、逆にいえば「枕」でその落語家の腕前がわかるといっても過言ではないでしょう。

落語の神髄「オチ」で最も多いのがダジャレ

次に、「オチ」に注目してみましょう。

「オチ」とは噺の最後を締めくくる、ウィットの利いたセリフや、シャレなどのことです。枕がなくとも落語になりますが、オチがなければ落語は成立しません。落語の中でも非常に大事なポイントです。

現代でも、「オチ」という言葉は広く親しまれています。たとえば「○○さんの話には、いつもオチがない」などと使われます。

そもそも、この「オチ」という言葉は、「落語」の別名である「落し噺」という言葉から生まれました。だから、ほとんどの落語にオチがあります。また「オチ」は「サゲ（下げ）」とも呼ばれます。

「演者が〝落とす〟（サゲる）と、観客が落ちる（オチる）」。このような関係から転じて、「オチ」を「サゲ」と呼ぶようになった、とされています。

「落ちる」という言葉は、〝客商売〟的には縁起がよろしくありません。そこで「サゲ」という言い方も使われるようになったのです。

「上方落語四天王」の一人、桂米朝師匠（三代目）は、名著『落語と私』（ポプラ社）で、「サゲ」についてこう定義しています。

サゲ……というものは一種のぶちこわし作業なのです。さまざまのテクニックをつかって本当らしくしゃべり、サゲでどんでん返しをくらわせて「これは嘘ですよ、おどけ話ですよ」という形をとるのが落語なのです。

「オチ」でよくあるのは「地口《じぐち》オチ」です。「地口」とは「洒落」と同じような意味で、わかりやすくいうと「オチの言葉がダジャレになっているもの」を指します。落語のオチの中では、この「地口オチ」が最も多いのです（上方落語では「地口オチ」のことを「にわかオチ」と呼びます）。

いくつかの代表的な「オチ」の種類について、ご紹介しましょう。

落語の代表的なオチの種類

①考えオチ……一瞬考えた後、面白さがわかって、ニヤリとさせられるオチのこと。噺をきいた直後には意味をとりづらいかもしれませんが、少し考えると、その面白さがじわりと伝わってくるのが特徴です。ただし、きく側に一定の予備知識が求められることがあります。たとえば、次の例でいうと、「足が出る」が「赤字になる」という意味の慣用句だという知識が聞き手にも必要になってきます。

例：「へっつい幽霊」

博打に負けてしまった幽霊が、「もう持ち金ないだろう？」と問われて、こう答えます。

「私も幽霊だ。決して足は出しませんから」

（注：足を出す＝予算以上に使って、赤字になること）

②**逆さオチ**……登場人物の立場や物事などが、「入れ替わる」オチのこと。

たとえば、［1］「上下関係の入れ替わりをイメージさせるパターン」、［2］「常識を逆転させるパターン」、［3］「筋書きの流れを逆転させるパターン」などがあります。特に日本人は［1］のパターンを好む傾向があるようです。「弱い立場の人間が、とんちをきかせたり、努力を重ねたりして、目上の人をやりこめる」というスタイルです。次の例も［1］に分類されます。


例：「初天神」

父親が息子にせがまれて「初天神」（天神を祀る神社で行われる、その年の最初の縁日）に連れていきます。当初は気乗りしない父親でしたが、だんだん楽しくなり、最終的には息子以上に縁日を満喫している父親を見て息子が一言。

「こんなことになるなら、おやじを連れてこなけりゃよかった」

③**ぶっつけオチ**……意味の取り違えや「勘違い」などによるおかしさを描いたオチのこと。

「間抜けオチ」とは異なります。「勘違い」が引き出すとんちんかんな状況を描くのが特徴です。


例：「あくび指南」

ある男が、「あくびの仕方を教える学校」に付き添いで行きます（そもそも、この学校の存在自体がナンセンスで面白いところです）。

そこで展開される授業の退屈さに、付き添いで行った男が思わずあくびをしたところ、講師に感心されてしまいます。

「この人はなんと器用なんだ。手本を見ただけで、いいあくびを覚えてしまった」

（※この講師の勘違いが、オチです。「授業に退屈をしてあくびが出たこと」を「あくびの授業を受けた結果、うまくあくびが出せた」と勘違いしているところに面白みがあります）

④間抜けオチ……間の抜けた事柄を描き、面白さを引き出すオチのこと。間の抜けたこと、様々な失敗談が語られ、最後にダメ押しするかのようなセリフで締めくくるというスタイルです。江戸落語には「与太郎」という名キャラクターがいます。彼が登場する噺の多くは、間抜けオチになっています。

例：「牛ほめ」

父に言われて、伯父の新築祝いに出かける与太郎。「とにかくなんでもほめろ」「柱の穴は、『お札《ふだ》を貼るのに好都合』と言っておけばよい」と、出発前に教え込まれます。

伯父の家で、とんちんかんで失礼な〝ほめ言葉〟を連発する与太郎。最後に、庭の牛が糞をしているのを見てこう言います。

「その穴に、秋葉様のお札をお貼りなさい。穴が隠れて、屁の用心になります」

（※「秋葉様」とは、火防（ひよけ）の神として信仰された秋葉権現のことで、「お札」は秋葉神社のお札のこと。「火」と「屁」を引っ掛けた地口オチにもなっています）

⑤見立てオチ……連想ゲームのように話を積み重ね、意表を突く事柄に見立てて、面白さを引き出すオチのこと。

見立ての意外性が、オチの肝となります。

例：「熊の皮」

しっかり者の妻から用事を頼まれた男が出かけます。ところが、先方の家で用事の内容を忘れてしまいます。そのとき、熊の皮の敷物を発見しました。「敷物とは、尻に敷くもの」→「尻に敷かれている自分」→「尻に敷いているのは妻」→「妻からのことづけがあった」と連想し、用事の内容を無事に思い出します。

「これ（敷物）は何に使うのですか」
「お尻に敷くのです。熊の皮の敷物です」
「尻に敷く……？　そうだ、女房が『よろしく』と言ってました」

ここまでに見てきたオチの分類は、典型的なものです。この分類にあてはまらないオチも多数存在しています。

登場人物を知っていれば落語は100倍わかりやすくなる

「落語の登場人物と申しますと、たいがい決まっております。八っつぁん熊さん、それに横丁のご隠居、人のいいのが甚兵衛さん、バカで与太郎という、このへんが大立（大事な人物)……」

これは、古典落語でよくある「枕」の一節です。フレーズ中に出てくるキャラクターたちは、落語界の定番メンバー。噺によっては、各キャラクターの年齢や職業などが、微妙に異なることがありますが、一つの噺に通常2〜5名のメンバーが登場します。落語家は、それを一人で演じ分けることになります。

まず、よく知られているのは「熊さん(熊五郎)」と「八っつぁん(八五郎)」でしょう。威勢のいい江戸っ子のコンビで職業は大工であることが多いですが、「妾馬《めかうま》」という噺では例外的に、八っつぁんが武士に取り立てられます。

そして、天然ボケで愛嬌いっぱいの青年「与太郎」に、お人よしの「甚兵衛さん」。ガミガミ型の年長者としては、貧乏長屋の「大家さん」。博学なお年寄りの「ご隠居さん(「岩田の隠居」と名字がつくこともあります)」。

田舎者の代表として描かれる「権助《ごんすけ》」さんに、「粗忽者《そこつもの》(おっちょこちょい)」、「お殿様」、女性キャラとしては「女中のお鍋」がよく登場します。

また「若旦那」と、それにまとわりつく「太鼓持ちの一八《いっぱち》」というコンビも欠かせません。

これらの人物相関図を分析すると……。

「ガミガミ型」の「大家さん」と対比するかのように、天然ボケの「与太郎」が存在しています。

「ネチネチ型」の「若旦那」に常に絡むように、「太鼓持ちの一八」が配置されています。

つまり落語の世界では、性格の違いや対立によって、ドラマが自然に生まれるようになっているのです。

特にユニークで知っているとより深く落語や日本人の価値観を理解できる人物について、具体例を挙げながら、紹介していきます。

最重要人物「与太郎」は哲学的側面を持つ〝愛されキャラ〟

与太郎は、落語で最も愛されているキャラクターの一人です。

彼は、もう成人といってもいい年齢に達しています。それにもかかわらず、頼りなく、世間一般の常識には無頓着で注意力も散漫なので失敗ばかりしています。それどころか、失敗しても気にすることなく、同じ失敗を何度も繰り返します。定職に就いていない、という設定も多くあります。もしかすると、せわしない現代であれば、与太郎は生きづらさを感じるかもしれません。でも、落語の世界ではいきいきと、ひょうひょうと生きています。

与太郎が登場する噺は非常に多く、それらを「与太郎噺」と称します。

多くの落語家は、枕で「与太郎＝バカ」と定義して、本題に入ろうとします。

しかし、師匠談志は「与太郎はバカではない」と正反対の持論を展開していました。

確かに与太郎は噺の途中で、本質を突いたセリフをよく口にします。

「かぼちゃ屋」では、荷を担ぎながら「世の中、売る奴が利口で、買う奴がバカなんだなあ」と「経済の本質」をズバリ言い当てます。

「道具屋」では、壊れた時計を買わされそうになった客が「いらねえよ、こんな無駄なもの」と拒むのを聞いたとき、与太郎は、次のようになだめます。

「そんなことないよ。壊れた時計だって1日に2度は合うよ」

与太郎は時々、哲学者のように含蓄の深いセリフを吐くのです。

また与太郎は、どの噺にも「傍観者」のような立ち位置で、会話にスムーズに入ってきます。

自ら積極的に会話に入るという設定ではありません。どちらかというと「あ、与太郎が来やがった」などと声をかけられる形で自然と会話に入っていくのです。ですから、「噺の客観性が与太郎で担保される」とも言えるのです。

常に俯瞰《ふかん》的な視点で世の中をシビアに見つめている与太郎だからこそ、常識人から「バカ」と誤解されてしまう。与太郎は、そんな〝哲学者的〟な側面をもつ人間なのです。

フリーの売れない芸人「一八」と金持ちの道楽息子「若旦那」

江戸時代には、お座敷などで客の機嫌をとり、芸者などとともに芸を見せて場を盛り上げる「幇間《ほうかん》」という職業がありました。さらにその幇間よりも格下の「野だいこ」という人々もいました。

幇間は師匠に付いて芸を磨いてきたのに対し、野だいこは見よう見まねの素人芸に過ぎません。

落語の世界では、「一八」という「野だいこ」がよく登場します。「人に見せるような芸もないのに、金づるを探してただただ歩き回っている」というキャラクターです。

この「一八」とペアになるようにセッティングされているのが「若旦那」です。一八は、若旦那につきまとい、昼食をおごってもらうなど、とにかくお金を出してもらおうとします。

この「若旦那」は、落語の世界では、「父親である大旦那を怒らせてしまい、勘当となっている」というケースが非常に多いです。今風に言うと、「金持ちの道楽息子」です。

よく一八にたかられる若旦那ですが、ゴマをすられたりするとやはり気持ちがよいのでしょう。一八をからかいながらも、上手にあしらいます。

一八は、若旦那に逆らいません。若旦那という獲物を発見すると、扇子をパチパチさせながら、嬉々として近づいてゆきます。

「寒いな、一八」
「ようよう、モテ男、若旦那！　いやあ、寒いですよ。ほんと風邪引きそう」
「でも、お天道《てんとう》さんが出てきて暖かくなってきたな」
「出てきましたね、お天道さん。もう暑いくらいで」

「風が強いな」

「風は強いです。吹き飛ばされそう」

「腹減ったな」

一八の目が光ります。

「腹減りました。ペコペコです」

「俺はそういえば、さっきそば食ったんだ。じゃあな」

一八が歯を食いしばって、「じゃあな」。


一八は、話をひたすら若旦那に合わせ、なんとか価値観を一致させて「琴線」に触れ、最終的には「金銭」をひねり出そうと日々努めています。コンビの主導権は、やはりカネを出す側の若旦那にあるので、一八からの〝攻撃〟はどうしてもソフトになります。

面白いことに、若旦那は一八に対して「無茶ぶり」をしかけることがあります。それが、「野だいこ」が登場する「幇間話」の特徴です。

「幇間話」の一つ「山号寺号《さんごうじごう》」という噺を紹介しておきましょう。

「金龍山浅草寺《きんりゅうざんせんそうじ》」「身延山久遠寺《みのぶさんくおんじ》」「定額山善光寺《じょうがくさんぜんこうじ》」など、お寺には、たいてい「△△山」

という山号がつきます。
一八は、つい「どこにでも山号寺号はある」と言い切ります。
すると若旦那が、まるで揚げ足を取るかのように、「じゃあ、お前ここ上野広小路の山号寺号を探してみろ」と「無茶ぶり」をします。

「上野広小路での山号寺号は？」と問われた一八、苦しまぎれに、客待ちをしている車屋を見つけ「車屋さん広小路」と返し、難を逃れます。若旦那は「お見事！」と祝儀《しゅうぎ》を与えます。

ここから一八は逆襲を開始します。

時計屋を指さして「時計屋さん今何時」、肉屋を指さして「肉屋さんソーセージ」、按摩《あんま》さんを指さして「按摩さんマッサージ」など、商店街の「お店屋さんシリーズ」でポイントを稼ぎます。

すると若旦那は、「肉屋さんなどの『さん』はダメだ！」と、さらなる無茶ぶりを課します。

そこで腕を上げた一八は「カリフォルニア産オレンジ」と、優れた答えを返します。

一気に逆襲した一八に対し、若旦那は「今与えたご祝儀を一瞬貸せ」と意味深なことを言います。不審に思いながら、もらったはずの祝儀を一八が差し出すと、若旦那は突然逃げ出し、「さらば一八！　一目散随徳寺！」と去ってゆきます。

（※「随徳寺」とは、「跡をずいとくらます」ことを意味する古い地口で、がっかりした一八は「南無三、仕損じ」とオチを言います）

田舎者の代表格「権助《ごんすけ》」

「権助」は、田舎者の代表格として登場します。「飯炊き」という下男扱いではありますが、その名を冠した「権助魚《ざかな》」と「権助提灯《ちょうちん》」という噺では、〝旦那の浮気〟という大きな秘密を担う重要な役どころです。

「権助魚」では旦那の浮気のアリバイ工作に加担し、家を出てまだ十数分しか経っていないのに、「柳橋で芸者幇間をあげてどんちゃん騒ぎをし、日和《ひより》がいいから網を打とうということになり、隅田川の船宿から船を出して網打ちを楽しんだ」などと、一瞬でバレるような嘘を堂々と女将さんに言います。

挙げ句の果てに、隅田川では絶対に獲れないニシン、スケソウダラ、メザシ、タコ、そして蒲鉾《かまぼこ》などを証拠の品として、女将さんの前に出します。

しかし権助は、旦那にどんなにバカにされても落ち込みません。

「権助提灯」では、旦那が女将さんと妾《めかけ》（愛人のこと）の家を行ったり来たりして、その度に旦那は権助に提灯の支度をさせます。旦那が何度も提灯の支度をさせるので、権助は提灯の火を消さないで待っていました。しかし、旦那は商人なので無駄が大嫌いです。そこで、権助に「無駄なことをするな！」と怒りました。すると、権助は「自分で言ってて気がつかねえか？　女一人で済むところを、もう一人妾をおいておく。これを無駄と言う」と旦那を諭します。

また「権助魚」では、自分の履物しか出さず、旦那から叱られたとき、権助は見事な切り返しで、旦那をギャフンと言わせます。

「太閤秀吉さまは、ご主人の信長公の草履《ぞうり》を懐に入れて温めていたという忠義者だぞ！　だから、ああやって天下を獲るまでになったんだ」

「お言葉を返すようですがな、旦那。オラ、天下を獲るなんていう気持ちはサラサラねえだよ！」

落語の代表的な登場人物

与太郎

落語の噺に頻出する最重要人物。愛されキャラ。失敗を繰り返しながらもひょうひょうと生きている。与太郎がでてくる噺を「与太郎噺」と呼ぶ。

一八

いつも若旦那につきまとってお金をせびる。ゴマすりが上手い。

権助

田舎者の代表格。下男。「権助魚」や「権助提灯」など、権助が旦那の浮気の秘密と関わる噺が有名。

花魁《おいらん》

吉原の上級遊女のこと。遊郭で働く女性は「遊女」「女郎」という。

若旦那

金持ちの道楽息子。一八に「無茶ぶり」をしかける噺は、「幇間噺」と呼ばれている。

ご隠居《いんきょ》

現役を引退した物知り老人。人生経験が豊富なので、訪ねてきた連中に的確なアドバイスをするが、ときどき「知ったかぶり」をする。

熊五郎・八五郎

長屋の住人の代表格。熊五郎の愛称は、熊さん。八五郎の愛称は、八っつぁん。喧嘩っ早い江戸っ子。大工や植木屋、魚屋など、腕のいい職人として登場することが多い。

このように、落語界の定番キャラクターは、笑いの才気溢れる人間ばかりです。ただし、「長屋の家賃を何年も滞納している」など、欠点を持ち合わせていることも少なくありません。

「優れた人間」でも、「意識高い系」でもない、業にまみれた〝庶民代表〟。それが落語界の定番メンバーなのです。

落語家の出世階級、「前座」「二ツ目」「真打ち」

教養として落語を理解するために「基本構成」「登場人物」に加えて知っておいてほしいことは、落語家の「出世階級」です。

落語家が師匠に弟子入りし、「一人前の落語家」と呼ばれるまでに、通常は十数年間もの歳月が必要です。

サラリーマンの世界も同じかもしれませんが、落語界には確固とした「階級制度」があり、誰もがそのコースから逃れることはできないのです。

落語家の出世階級

前座見習い

師匠に弟子入りし、まずは見習いからスタート。師匠や兄弟子のかばん持ちをしたり、師匠の家の雑用をしたりする。この期間に落語の稽古や着物のたたみ方や太鼓などの鳴らし方を教わる。寄席の楽屋にはまだ入れない。

↓ 約1年

前座

寄席で最初にあがる落語家。師匠や兄弟子のアシスタント的な役割もする。ここから楽屋に入れるようになる。

↓ 2～5年

二ツ目

前座の次に高座へ上がる落語家。師匠の家や楽屋の雑用の仕事がなくなり、自分自身の落語会を開くことができる。

↓ 5～10年

真打ち

一人前の落語家。「師匠」と呼ばれるようになり、弟子をとることが許される。

（前座・二ツ目・真打ち：江戸落語の三階級）

ただしカンのいい人の場合、速いペースで出世していくこともあります。

平たく言うと、落語家はまるで出世魚のように名前（身分）を変えながら、進化していきます。

その形態は、次の四つに大きく分類できます。「前座見習い」「前座」「二ツ目」「真打ち」です。このうち、最初の「前座見習い」を省略した3つを「江戸落語の三階級」と呼ぶこともあります。

それぞれの身分を端的に説明してみましょう。

「前座見習い」とは、その名の通り〝見習い〟の身分のことです。落語家になるための基礎を学びつつも、師匠や兄弟子などのお世話をすることが大きな仕事です。とはいえ「寄席の楽屋には、まだ入れない」というルールがあります。「前座見習い」から「前座」になるまで1年ほどかかります。

「前座」は、寄席で最初に高座（落語家が演じるステージのこと）に上がる身分のことで、初めてお客さんの前で落語を演じられるようになります。楽屋に入れるようになるのも大きな特徴です。「前座見習い」的な仕事に加えて、師匠や兄弟子などのアシスタント的な役割を果たします。「前座」から「二ツ目」になるまで2〜5年間かかります。

「二ツ目」は寄席の番組で、2番目に高座へ上がる身分のこと。自分自身の落語会を開けるようにもなり、活動範囲がより広くなります。「二ツ目」から「真打ち」になるまでは約5〜10年間かかります。

「真打ち」は「落語家として一人前」という身分のことで、落語界の階級の最終ゴールです。寄席では、トリ（最後に出演するという大事な役目）を務めたり、弟子をとったりすることもできます。「師匠」と呼ばれる人たちはみな、「真打ち」です。通常、「真打ち」になるまでには、「前座見習い」から平均で15年前後の歳月を要します。

上方落語には「階級制度」は存在しない

興味深いことに、このような階級制度は、東京を中心とした落語界独自のものです。大阪を中心とした「上方落語」の世界には、階級制度は存在しないのです。

ただ、上方落語にも「前座」に相当する下積みの期間はあり、「年季」という関西版の名称で呼ばれます。

「年季（奉公する約束の年限）が明ける」、つまり下積みの前座の時期が終わると、あとはもう「売れたもん勝ち」という自由競争の荒波に放り込まれます。

「真打ち」になっても収入は保証されない

誤解なきよう申し添えておきますと、晴れて「真打ち」になったからといって、その先の地位、収入などが保証されるわけではありません。「落語界で最上級」といっても、真打ちは数多くいるのです。

また、芸の道にはゴールなどありません。「真打ちになったから」といって慢心せず、精進を重ねていく必要があります。さらには後輩や弟子など、若手の面倒もみなければならず、「悠々自適にラクに暮らせる」というわけではありません。

私自身、「前座見習い」から「真打ち」まで経験してきて、これらの身分の違いとは、「専念すべきことの違い」であると感じています。

「前座」時代は、師匠に尽くす（師匠を〝快適〟にするよう、気を回すことで、人情の機微を学ぶ）。

「二ツ目」時代から、ようやく自分自身の落語の芸を磨き、理想を追い求められるようになる。

「真打ち」以降は、弟子を育て、後輩の面倒をみて、広く社会に落語の魅力を発信していく。

東京を中心とした江戸落語の世界では、どの流派にもこのような3つのステージが共通して存在しているのです。

「前座」から「二ツ目」になるのは年功序列

では、落語家はどのように「階級制度」を登り、「真打ち」になるのでしょうか。いったい誰に、どのように、「身分」を決められていくのでしょうか。

まず、師匠に入門をすると「前座見習い」となり、雑用係をこなします。「前座見習い」のうちに落語界の基本的な慣習や決まりを覚えたら、ようやく「前座」としてデビューすることができます。

「前座」に出世できるかどうかは、通常、師匠が総合的に判断して決定します。同じ時期に「前座デビュー」を果たした弟子がいたとしたら、それはほぼ「同期」と言えます。ただ、同じ師匠に師事している弟子の場合、1日でも早く入門しているほうが「兄弟子」となります。

次は「前座」から「二ツ目」への昇進です。流派や、師匠個人の考え方によって違いはありますが、基本的に、この段階は「年功序列」で決まることが多いようです。

「二ツ目」になると、活動の幅はぐんと広がります。師匠のお世話や雑用などの割合はぐんと減り、お客さんの前で落語を披露する機会が増えます。

また「落語家のリスト」である「香盤《こうばん》」に、氏名が登録されることになります。「香盤」は、団体ごとに分かれています。たとえば東京の落語界の場合、「落語協会」「落語芸術協会」「円楽一門会」「落語立川流」という4つのグループごとに香盤があります。

「香盤」とは、落語界の内部での序列を定めるもので、とても重要だとされています。相撲界にたとえると「番付表」のようなものとも言えるでしょう。

新しく「二ツ目」になると、所属するグループの香盤の、最も下段に名前が掲載されることになるのです。

下克上も可能な「真打ち昇進」

次に「二ツ目」から「真打ち」という最終段階を目指すわけですが、この間は完全に実力重視の世界となります。

大抜擢された結果、先輩である「二ツ目」を何人も追い抜いて、先に「真打ち」となるケースも決して珍しくないのです。その場合、「香盤」の順位を一気に塗り替えることになります。まさに「下克上」です。

なお、「先輩（兄弟子）を○人抜いて真打ち昇進を果たすこと」を、俗に「○人抜き」と表現します。

いわゆる「抜擢真打ち記録」です。近年の主な記録は次の通りです（敬称略）。

・春風亭《しゅんぷうてい》小朝《こあさ》……36人抜き（1980年）
・春風亭《しゅんぷうてい》昇太《しょうた》……7人抜き（1992年）
・柳家《やなぎや》花緑《かろく》……31人抜き（1994年）
・柳家《やなぎや》喬太郎《きょうたろう》……12人抜き（2000年）
・林家《はやしや》たい平《へい》……7人抜き（2000年）

では、このような大抜擢は、誰が、どのような形で行っているのでしょうか？

正直にお話ししますと、「明確な基準」はありません。

まず「落語協会」と「落語芸術協会」の場合、「二ツ目」になって10年ほど経つと、協会の幹部などから、「昇進させたほうがよいのではないか」という声が上がり始めます。そこで、師匠や普段出演している寄席のオーナーなども賛同すれば、めでたく「真打ち昇進」となるわけです。つまり実力だけに限らず、寄席での集客力やメディアへの露出度、協会内での政治力などもモノをいうことになります。

第３章

ニュースや会話によく出てくる名作古典落語

１章でお話しした通り、古典落語は何度もカバーされ時代を超えて愛され続ける歌謡曲のようなものです。この章で紹介するのは、上演回数も多く、教養のある人の日常会話に出てくるような、日本人として知っておきたい「古典落語」です。いうなれば、中島みゆきの「糸」や尾崎豊の「I LOVE YOU」、ミスチルの「終わりなき旅」といった誰もが口ずさめるレベルの落語です。

この章では、５つの有名な演目を紹介します。

このレベルの古典落語はあらすじだけでなく「枕」でどんな話が出てくるかまで知っているといいでしょう。

1 子どもでも知っている超有名落語「寿限無《じゅげむ》」

「舌を噛みそうなほど長い名前によって起こる笑い」がテーマの、古典落語の一つ。上方落語では「長名《ながな》」とも呼ばれます。発声練習や滑舌を良くする訓練にもなるため、修業中の身分である前座でも昔からよく演じられてきました。わかりやすい構成で、「長すぎる名前を繰り返す」という普遍的な面白さを持つため、老若男女問わず人気のメジャーな演目です。近年、幼児向け番組「にほんごであそぼ」（NHK Eテレ）に取り上げられたこともあり、小さな子どもたちにも「寿限無」は知れ渡りました。

「寿限無寿限無……」という、笑いを誘うほど長い名前ですが、アレンジが施され、全く異なる名前になることもあります。「寿限無」ほど、多くの落語家が演じた噺はないでしょうが、とりわけ林家正蔵《はやしやしょうぞう》（八代目）が得意としていました。

「寿限無」の枕は「子どものかわいらしさ」について触れることが多いです。中には、自身の子育て体験談に触れる落語家もいます。

談志はその逆張りで、よく次のように振っていました。「子どものかわいさなんてのは持ってみないとわからないと古くからよく申しますが、私なんぞいまだによくわからないんでね……」

では「寿限無」の本題に入っていきましょう。

――「寿限無」の本題

熊さん夫婦に男の子が生まれます。その子にどんな名前をつけようかと、迷った熊さんは、お寺の和尚《おしょう》に知恵を借りに行きます。

「せっかくなんで、縁起がよくて長生きする名前をおねげえしますよ」

和尚は、経典や故事などから数多くのアイデアを出しますが、熊さんは決めかねます。そこで和尚は、名前の候補となる縁起のよい言葉を、大量に紙に書き出します。

「この中から、一つを選んで命名してやるといい」

それでも熊さんは、選びきれず、困った挙句に、和尚から教えられた名前の候補を全てひとまとまりのフレーズにして、わが子に命名することにします。

「寿限無寿限無、五劫《ごこう》の擦り切れ、海砂利水魚の水行末雲来末風来末《すいぎょうまつうんらいまつふうらいまつ》、喰う寝る処に住む処、やぶらこうじのぶらこうじ、パイポ・パイポ・パイポのシューリンガン、シューリンガンのグーリンダイ、グーリンダイのポンポコピーのポンポコナの、長久命《ちょうきゅうめい》の長助《ちょうすけ》」

この名前のおかげか、子どもは健やかに育ち、学校に通うようになります。しかし、長い名前ゆえ、困ることも出てきました。

ある日、友達の金坊が家に駆け込んできます。

「寿限無寿限無、五劫の擦り切れ、海砂利水魚の水行末雲来末風来末、喰う寝る処に住む処、やぶらこうじのぶらこうじ、パイポ・パイポ・パイポのシューリンガン、シューリンガンのグーリンダイ、グーリンダイのポンポコピーのポンポコナの、長久命の長助にぶたれて、頭にこぶができた〜」

あわてて、熊さんに声をかけるおかみさん。

「なんだって！　ちょいとおまえさん、寿限無寿限無、五劫の擦り切れ、海砂利水魚、水行末雲来末風来末、喰う寝る処に住む処、やぶらこうじのぶらこうじ、パイポ・パイポ・パイポのシューリンガン、シューリンガンのグーリンダイ、グーリンダイのポンポコピーのポンポコナの、長久命の長助が、金坊の頭をぶって、こぶができちまったんだって」

「なんだって、うちの寿限無寿限無、五劫の擦り切れ、海砂利水魚の水行末雲来末風来末、喰う寝る処に住む処、やぶらこうじのぶらこうじ、パイポ・パイポ・パイポのシューリンガン、シューリンガンのグーリンダイ、グーリンダイのポンポコピーのポンポコナの、長久命の長助が金ちゃんの頭をぶっただって？　どれどれ、金ちゃん見せてみな。おいおい、こぶなんて、どこにもないじゃないか」

「おじさん、あんまり長いから、こぶがひっこんじゃったよ」


【言葉の意味】
・**寿限無**…限り無い長寿のこと。
・**五劫の擦り切れ**…永久に近い長い時間のこと（天女が泉で水浴びをする際、衣で岩を撫で、その岩を擦り切るのに要する時間が「一劫《いっこう》」）。
・**海砂利水魚**…獲り尽くせないほど膨大な海の幸のこと。「数限りないこと」のたとえでもある。
・**水行末雲来末風来末**…「水や雲、風の来し方行く末（過去と未来）には、果てがない」という意味。
・**喰う寝る処に住む処**…「食」「住」などに困らず、生きていけることを祈願する意味。
・**やぶらこうじのぶらこうじ**…生命力が強靭な縁起物の木の名前。
・**パイポ・パイポ・パイポのシューリンガン、シューリンガンのグーリンダイ、グーリンダイのポンポコピーのポンポコナの**…唐土（中国）のパイポ王国の王族らの名前。彼らには「長生きした」という架空の話がある。「シューリンガン」という王と、「グーリンダイ」という后《きさき》、その間に生まれた「ポンポコピー」と「ポンポコナ」という双生児姉妹の名前。

・**長久命の長助**…「長久」と「長命」で「長久命」、長く助けるという意味の「長助」。

寿限無は「わが子に長生きしてほしい」という願いが強すぎるあまりに起こる喜劇です。でもこの願いは、万国共通のもの。したがって、各国の言語に翻訳することが可能でしょう。たとえば仏教国であれば「お経に出てくる人名を、わが子の名前にする」、キリスト教国であれば「聖書に出てくる人名を、わが子の名前にする」など、アレンジすれば輸出できるような可能性を感じるほどです。

2 世代を問わない爆笑演目「まんじゅうこわい」

原話は明の時代の中国の笑話集『笑府《しょうふ》』にまでさかのぼります。

江戸中期に日本に伝わって落語の噺として成立し、大阪で練り上げられ、その後東京で再び広まりました。

その面白さから、昔も今も落語家に好まれ、様々なバージョンが生まれました。30分以上の大ネタとなることも珍しくありません。YouTubeなどの動画でも視聴できるため、歴代の名手たち、たとえば古今亭志ん生（五代目）、立川談志（七代目）、現役では柳家喬太郎《やなぎやきょうたろう》など各師匠の「まんじゅうこわい」をきき比べてみてください。

そんな「まんじゅうこわい」の枕は、「十人寄れば気は十色、と申します。お顔の形が違いますように、皆さんそれぞれに心持ちというものが違ってございます。好き嫌いなどというものはどなたにもあるものですが、あれが好き、これが嫌いというのがこれまた一人一人違っておりまして……」というのが定番です。

一方、上方落語の至宝・桂米朝師匠（三代目）の場合は、次のような関西弁になります（品のいい上方言葉で「船場《せんば》言葉（大阪市船場の商家で使われた言葉）に近い」と言われています）。

「金はないけど暇だけはある、というような若い衆が寄るとしょうもない話にも花が咲いて。『嫌いなもんの話しよか』『ワイは蛇が嫌いや』『わしゃアリが嫌い』『なんでや』ってなことで盛り上がっていると……」

では、本題に入っていきましょう。

――「まんじゅうこわい」の本題

町内の若い男たちが集まり、「何がこわいか」「何が嫌いか」について話をしています。

黙っている辰さんに、皆が「何がこわいか」と聞いたところ、「こわいものはない」という答えが返ってきます。

腹を立てた男たちが、しつこく詰問すると、辰さんはようやく「まんじゅうがこわい」と打ち明けます。

それを聞いた男たちは、辰さんにいたずらをしかけることにします。

男たちは菓子屋で大量にまんじゅうを買い求め、辰さんをまんじゅう攻めにします。すると「まんじゅう」と聞いただけで辰さんは震え出し、布団をかぶって寝てしまうのです。

男たちは、辰さんをさらにこわがらせようと目論みます。

「気付け薬だよ」

そう言って、辰さんの枕もとに大量のまんじゅうを置きます。

するとどうでしょう、辰さんは布団から身を乗り出して「まんじゅうが怖い！」

と言いながら、ムシャムシャとまんじゅうに食らいついているのです。

まんまと騙された男たちは、辰さんに再び尋ねます。

「おい、本当はいったい何がこわいんだ!?」

「ここらで、渋〜いお茶が一番こわい」


英語に堪能なミッキー亭カーチス氏（歌手のミッキー・カーチスさん）が、「I hate まんじゅう」と英語交じりで公演をしたことがあるくらいの「翻訳可能な作品」の一つです。互いの嫌いなものを探り合う、「共通言語の発掘」がテーマの噺です。

「嫌いなものが同じであれば盛り上がる」という性質が、人間にはあります。

「人間とは、やっぱり共感の動物なんだ」と再確認できる、珠玉の名作です。

3　そばを食べる仕草と「今、なんどきだい？」というセリフが有名な「時そば」

江戸時代の笑話本『軽口初笑《かるくちはつわらい》』を原話として、明治時代に柳家小《やなぎやこ》さん師匠（三代目）が上方落語の「時うどん」を江戸風に直した噺です。短いうえにわかりやすく、「そばを食べる」

という仕草の見た目の面白さも堪能できることから、定番中の定番となっています。多くの落語家が、扇子を箸に見立てて、そばをすする仕草を表現します。噺の舞台が冬であるため、寒い時期によく演じられます。

柳家小さん（三代目）以後、三笑亭《さんしょうてい》可楽《からく》（七代目）、桂《かつら》三木《みき》助《すけ》（三代目）らが得意としましたが、今でも多くの落語家によって演じられ、多くのファンに愛されています。「今、なんどきだい？」というセリフが有名で、現代でも日常的に使われることがあります。

「時そば」の枕はオチが理解しやすいよう、江戸時代特有の時刻の数え方を解説する枕が多いです。

また、近年では柳家喬太郎師匠による枕が大変有名です。それは「ポテトコロッケを載せたそば」についての軽妙なトークで「コロッケそば」とも名付けられ、ファンの間で絶大な人気を呼んでいます。

では、本題に入りましょう。

――「時そば」の本題

深夜に、小腹を空かせた男が通りすがりの屋台のそば屋を呼び止め、しっぽく

（ちくわそば）を注文します。

その男は、割り箸や器、汁、麺などを調子よくほめまくります。

そして、そば代の16文を支払うとき、そば屋の亭主の手の上に一文銭を数え挙げながら載せていき、うまく一文分をちょろまかします。

「一《ひい》、二《ふう》、三《みい》、四《よう》、五《いつ》、六《むう》、七《なな》、八《やあ》」

そう数えたところで、「今、なんどきだい？」と時刻を尋ねます。

店主が「九《ここの》つ（午前0時頃）です」と答えると、すぐさま「十《とお》、十一、十二、十三、十四、十五、十六、ごちそうさん」と続け、店を去ります。

（最初から一文をちょろまかそうとして、さんざんヨイショをしていたというわけか……）

一部始終を陰で見ていた暇な男は、その鮮やかな手口に気付きます。

翌日、暇な男は昨日の詐欺の手口を真似てやろうと、屋台のそば屋を探します。

しかし、時間がかなり早いため、屋台がなかなか見つかりません。

ようやく見つけたそば屋は、先の店とは異なり、手入れの行き届いていない店でした。箸や器は汚く、汁はまずく、そばは伸びきり、ほめるところが見つかりません。

結局、男はほめることをいさぎよくあきらめます。

いよいよ勘定のとき、男は前の店で見たのと同じように、銭を一文ずつ店主の手に載せていきます。

「一、二、三、四、五、六、七、八……。今なんどきでい？」

店主が「四つです（午後10時頃）」と答えると、男はすぐさま続けます。

「うっ。五、六……」

このようにして、暇な男はまずいそばを食わされたうえに、勘定を余計に取られてしまったのでした。


小銭をちょろまかそうとする人間がしくじる、典型的な「ドジ話」です。〝セコい人間〟の間抜けさに「やっぱり誰だって失敗するよなあ」「悪いことはできないなあ」と共感したくなるのが、この噺の特徴です。失敗した人間を非難したり、馬鹿にしたりするのではなく、「自分も同じようなことをやらかしてしまうかも」と我が身を振り返らせてくれる。そんな優しさと温かさに満ちた作品です。

4 さんまは〝低級な魚〟だった⁉「目黒のさんま」

特に秋に演じられる、人気の噺です。この噺の知名度から、「さんま」がご当地・目黒の観光素材になっており、目黒では今でも年に一度、広く一般にさんまが無料で振る舞われるイベントが行われています。

そもそも、この噺を理解するには当時の「魚」のランクなど、「食」についての予備知識が必要です。さんまは「低級な魚」として扱われており、江戸初期は庶民でも好んでは食べなかったようです。江戸中期以降、ようやく庶民の味として浸透しました。そのような魚を殿様に食べさせるのは、とても勇気がいることだったはずです。

この噺は特に三遊亭金馬《さんゆうていきんば》師匠（三代目）が得意としました。

「目黒のさんま」の枕は「桜鯛」という小噺をするのが定番です。一匹しかない焼き魚のおかわりを催促するお茶目な殿様と、お付きの家来のやりとりを描いた話です。

名作の呼び声が高いのは、三遊亭圓楽《さんゆうていえんらく》師匠（五代目）による「二・二六事件」を題材にした枕でしょう。

時の大蔵大臣・高橋是清が登場する社会ネタですが、「これ着よ（是着よ）」というダジャレが枕の中でのオチになっています。

「侍従が事件を天皇陛下に報告しますと、陛下はふらつきます。『重心（重臣）を失った！』、畏れ多い小噺です。ところで、世の中の常識に最も欠けているのが、殿様ですな……」と語り、本題に入ります。

――「目黒のさんま」の本題

殿様が目黒まで鷹狩に出かけた際に、お供が弁当を忘れてしまいました。

殿様たちが腹を空かせているところに、おいしそうな匂いが漂ってきます。殿様が異様に興味を示し「これは何の匂いか」と尋ねたところ、供はこう答えました。

「この匂いは庶民の食べる下衆魚《げす》、『さんま』というものを焼く匂いです。決して殿のお口に合うものではございません」

殿様は「こんなときに、そんなことを言っている場合か」と、供にさんまを持ってこさせます。

それは網や串、金属、陶板などを使わず、サンマを炭火に直接突っ込んで焼いた「隠亡《おんぼう》焼き」と呼ばれるものでした（当時の常識では、殿様の口に入れるようなものではありません)。

しかし、殿様が食べてみると大変においしく感じられたのです。殿様はさんまという魚の存在を初めて知り、同時に大好きになってしまったのです。

それから殿様は、「また機会があればさんまを食べたい」と思うようになります。ある日、好きな食べ物を要望できる機会に恵まれた殿様は「余はさんまを所望する」と伝えます。

しかし庶民の魚であるさんまなど、用意されているはずがありません。供は、急いで日本橋の魚河岸にさんまを買いに走りました。

そして供は、さんまの脂をすっかり抜いて焼くことにします。さんまを焼いたときに出る脂は「体に悪い」とされているからです。また、「骨がのどに刺さっては一大事」と、骨を1本1本抜き去ります。

おかげで、さんまはグズグズになってしまいました。

供は「こんな形では出せない」と悩んだ挙句、椀の中にさんまのほぐし身を入れ、汁物として出すことにします。

取り寄せた新鮮なはずのさんまが、供の無駄な配慮によって台なしにされ、かえってまずいものになってしまったというわけです。

殿様は、そのさんまがおいしくないので、供に聞きました。

「いずれで求めたさんまだ?」

「日本橋魚河岸で求めてまいりました」

「ううむ。それはいかん。さんまは目黒に限る」


「世間知らずの殿様の無知を嘲笑することで、庶民が溜飲を下げる噺」という解釈もありますが、本当にそうでしょうか。身分制度などを超越した「人間そのものが持つおかしさ」に焦点を当てるのが、落語本来の醍醐味。だから「殿様の味覚の正直さを称える噺」と定義すべきでしょう。たとえば「とんかつは薄いほうが美味い」「メロンパンは安いもののほうが美味い」など、庶民の味は絶対的においしいものが多いのですから……。

5 人情噺の大定番！「芝浜」

「落語中興の祖」と称される三遊亭圓朝《さんゆうていえんちょう》（初代）が、「酔っぱらい・芝浜・革財布」の三題噺（客に出されたお題から即興で演じる噺）として創作しました（諸説あります）。

「人情噺（感動する演目）と言えば、芝浜」という人も多い名作中の名作です。年末が近づくとよく演じられるため、暮れの風物詩ともなっています。笑いどころの多さはもちろん、ほろっとさせるオチが秀逸。『江戸っ子繁昌記』というタイトルで映画化もされたほど、不動の人気を誇ります。

また落語家によって、設定や人物の描写が様々にアレンジされることが多く、同じ「芝浜」は一つとしてありません。古今亭志ん生（五代目）、桂三木助（三代目）、三笑亭可楽（八代目）、桂文楽（八代目）ら昭和の名人から、古今亭志ん朝（三代目）、立川談志（七代目）、立川談《だん》春《しゅん》、春風亭一之輔《しゅんぷうていいちのすけ》まで、多くの落語家たちが今なお挑み続けている古典落語の金字塔です。

「芝浜」の枕は桂三木助師匠（三代目）の「白魚」がよく知られています。江戸時代の隅田川の白魚漁について語るもので、「きいているだけでよだれが出る」と名作の呼び声が高い枕です。

一方、独特な枕もあります。古今亭志ん朝師匠（三代目）は兄・金原亭馬生《きんげんていばしょう》師匠（十代目）亡き後、「兄貴が死んで、参っております」と、まず感情を吐露。それから「馬生の贔屓《ひいき》を、今後は私や池波志乃（金原亭馬生の娘で中尾彬の妻）にくださいませ」と続け、「煩悩」について触れてから「芝浜」本編へ入る、という自分語りを中心とした枕を披露したことがありました。

では本題に入りましょう。

——「芝浜」の本題

腕はいいのに大酒飲みの魚屋の亭主・勝五郎、通称魚勝という男がいました。いつも酒浸りで、商いに出かけようとしません。しっかり者の女房が「今晩呑ませてくれたら明日から仕事する」という言質《げんち》を取り、またまた浴びるほど飲んだくれて寝てしまいます。

あくる朝、女房に「お前さん、商いに行ってくれよ」と叩き起こされ、ようやく河岸に出かけてゆきます。ところが芝・増上寺の鐘の音を聞き、女房が一つ時を間違えて起こしたことに気づきます。

魚勝は怒りを抑えて、河岸が開くまで顔を洗ってたばこを吸って過ごすことにします。

すると、波打ち際に流れ着く革財布を発見。開けてみると、なんと42両もありました。

魚勝は喜び勇んで帰宅し、女房に報告すると、また酔いつぶれて寝てしまいます。

「こんな大金拾っちまった。もう働かなくていいってことだ！　酒だ、鰻だ、天ぷらだ！　長屋の連中にもごちそうするぞ！」

翌朝、いつもと同じように女房が魚勝を叩き起こします。

「お前さん、商いに行ってくれよ」

「バカか。もう働かなくてもいいんだ。42両拾ったじゃないか」

「そんなことあるもんか。お金を拾った夢でも見たんじゃないの？」

女房は魚勝に、「昼過ぎまで寝ていて、起きたらいきなり長屋の連中呼び集めてどんちゃん騒ぎをし、また寝てしまったんじゃないか」と告げます。

「お金を拾った夢なんか見て喜ぶなんて情けない」

女房に泣きながらそう訴えられた魚勝は改心し、酒をピタッとやめて一生懸命に働くようになります。

それから3年後の大晦日。魚勝は、小さいながらも若い衆を二人置くぐらいの店をもつまでになっていました。除夜の鐘を聞きながら、女房が奥から革財布を取り出してきます。

魚勝がそれを開けてみると、42両もの大金がありました。

「お前さん、3年前のあの話、あれ夢じゃなかったの」

女房は、そう述懐します。

「てめえ、騙していたのか!?」

激高する魚勝に、女房は涙ながらに訴えます。

3年前、財布を拾って帰ってきた魚勝が寝た後のこと。

女房が大家のところに大金について相談に行ったところ、次のように助言されたのです。

「拾った金を使わせたら、亭主は罪人になる。金はお奉行所へ届けて、みんな夢の中の話にしちまえ」

そこで、女房は一世一代の大嘘をついたのでした。

しかし、3年が経ち、『落とし主現れず、拾い主のもとへ』というお達しで、晴れて42両は魚勝のものとなったのです。

魚勝は女房の気持ちを思いやり、改めて礼を言います。

「お前が、あんな芝居を打ってくれなかったら、今頃、俺は罪人としてこの寒空の下、ガタガタ震えていたはずだ。ありがとよ」

「ねえ、お前さん、お酒飲もうよ。もう大丈夫だよ、飲もうよ」

「そうかい、お前がいいっていうのなら」

3年ぶりに茶碗酒に口を近づける魚勝でしたが、すんでのところで思いとどまります。

「よそう。また夢になるといけねえ」

従来、明治生まれの桂三木助（三代目）の演じる本作が「王道」とされ、人気を博していました。そんな中、談志は晩年の独演で、女房を新しい解釈で描き、各方面から高い評価を得ました。

それまでの「良妻賢母型のよくできた妻」から現代風の「夫についた嘘を悩み続けたかわ

いらしい妻」へと、描写を大胆に変えたのです。

このように時代に沿ったアレンジによって、鮮やかによみがえったり、輝きを増したりするところが「古典落語」の凄さなのです。

Column 1
落語家はどうやって稼いでいるの？

落語家は、「階級」によって異なる稼ぎ方をします。

とはいえ「前座見習い」のうちは、全くの無収入。言葉は悪く聞こえるかもしれませんが、修業期間は入門先の師匠の〝持ち物〟という扱いをされるので、長時間労働をしても実入りはゼロ。朝から晩まで師匠に付き添っても、突然師匠に呼びつけられても「無給で師匠に尽くす」というのが一般的な「見習い」の日常なのです。

ですから、私の属している立川流では、弟子をとる際、談志師匠が入門志望者の親御さんを呼んで面接・面談を行うのが常でした。「修業期間は稼ぐことがほぼできないので、収入が安定するまで親御さんも面倒をみてほしい」と暗に伝えるわけです。基本的にはそこで了承が得られないと入門できない仕組みになっていました。

では、いつから「落語家」として稼げるのかというと、「前座」以降になります。「前座」になると、師匠以外の兄弟子などが公演をする際、楽屋などで手伝いができるようになります。そこで、兄弟子が高座で芸を快適に披露できるよう、こまごまとした雑用を「前座」として「受注」するというわけです。1回の「前座仕事」で5千～2万円、プラス交通費をもらうことができます。

公演を1回行うだけでも、やるべきことは山のようにあります。

「兄弟子の着物をたたむ」「音響をチェックする」「お茶や食事の手配をする」……。現場はゴタゴタ、バタバタしていますから、丁寧な指示がいつももらえるとは限りません。そのような〝戦場〟の中で、いかに気働きをして愛想よく立ち回り、先輩に喜んでもらえるか。自分の頭で考え、動くことが求められるのです。

もちろん「前座」という階級名の通り、公演の最初に自身も一席披露することになります。しかし、その前座としての芸の「うまい・下手」が、評価基準になることは稀です。それよりも問われるのは「楽屋の労働力として優秀かどうか」です。「あいつは使える前座だ」という噂が一旦広まると、多くの兄弟子たちから声がかかるようになり、収入は自動的に増えるというわけです。

また、前座としてキャリアを積むうちに、結婚式やパーティーなどのイベントの司会を頼まれることもあります。前座としての健気な頑張りがお客さんの目に留まると、御祝儀をいただくこともあります。

謝礼の相場は3～5万円ですから、司会業が増えると、毎月それなりの収入を得ることができます。

次の「二ツ目」になると、いよいよ高座で本格的に噺を披露できるようになります。「楽屋での労働力」というポジションから脱却し、「自分のファンを作り、集客をすること」に取り組むことになります。

もちろん、効率よく稼げる司会業などをアルバイトと割り切って続ける落語家はいます。しかし目先のお金を稼ぐだけではなく、真打ち昇進に向けて芸を磨いたり、ファンづくりをしたりする努力も重要になってきます。

また新たな傾向としては、「二ツ目」以降の落語家の中に「二刀流」の活躍をする若手も目立つようになりました。「落語家」という肩書きを活かし、全く別のジャンルで、活動をするのです。

たとえば『モーニング』（講談社）など、数々の漫画誌で漫画家として連載をしてきた雷門獅篭（かみなりもんしかご）。小説集『シャレのち曇り』（文藝春秋）で作家デビューし、数多くの著作をもつ兄弟子の立川談四楼師匠。

他にも数えれば枚挙にいとまがありません。もちろん、これらは「副業」というレベルを超えた、立派な仕事です。このような「二足のわらじ状態」になると、収入も増えることは言うまでもありません。

面白いのは、本文でも説明したとおり「真打ち」に出世ができたとしても、収入が保証されるわけではないということです。たとえ「二ツ目」であっても、売れっ子であれば、仕事がない「真打ち」よりも実入りは大きいということもあります。

私も含めて落語家も「売れたら勝ち」という過酷な自由競争の海で泳いでいるのです。

ちなみに、寄席に多く出ているからといって収入が多いとは限りません。なぜなら、寄席の出演料は微々たるものだからです。

寄席の入場料は、さほど高くはありません。それどころか、売上の約半分を「場所代」として寄席に支払うシステムになっています。その残りを出演者全員で分け合うわけですから、１人当たりの取り分の少なさは推して知るべし。ただ「寄席」には「ショーウィンドー」的な意味合いがあります。「新たなお客さんに自分の存在を知ってもらい、自分が主催する公演に来てもらうようにする」という導線になっているのです。

総括すると、落語家とは、どのポジションであっても、自力で「ファンを呼べる」、もしくは「仕事を呼び込める」かどうかが稼ぎを左右する存在だと言えるでしょう（他の自営業者の皆さんと同じですね！）。

第2部

日本の伝統芸能と

落語界のレジェンドたち

第4章

落語と比べると理解しやすい日本の伝統芸能

この章では落語以外の日本の伝統芸能を解説していきます。

数ある日本の伝統芸能の中で教養として知っておいてほしいのは、「歌舞伎」「能」「狂言」「文楽」「講談」です。これらの伝統芸能を落語と比較しながら説明していきます。

日本の伝統芸能は大きく「演劇」「音楽」「舞踊」「演芸」の4つのジャンルに分かれます。「歌舞伎」「能」「狂言」「文楽」は演劇、「落語」と「講談」は演芸のジャンルになります。

歌舞伎の元は女性たちの踊りが中心だった「かぶき踊り」

教養として知っておきたい日本の伝統芸能

演劇

歌舞伎

→音楽、舞踊、演技が融合した日本のミュージカル。

能楽《のうがく》

→「狂言」と「能」を合わせて「能楽」と呼ぶ。室町時代に発祥し、後の歌舞伎や文楽に影響を与えた。

文楽

→日本の人形劇。人形浄瑠璃文楽とも言う。

組踊

舞踊

舞楽

日本舞踊

音楽

雅楽《ががく》

→江戸時代に成立した日本の宮廷音楽。

尺八の音楽

薩摩琵琶《さつまびわ》

長唄

演芸

落語

講談

浪曲

→三味線に合わせてうたい語る大衆芸能

※太字はユネスコ無形文化遺産に登録されているもの

まずは歌舞伎について説明します。

落語と歌舞伎、この二つは「お上に保護されるわけではなく、大衆に圧倒的に支持されてきた」という歴史をもち、反骨精神にも満ちている点が非常に類似しています。

歌舞伎とは、「芝居」「踊り」「音楽」という3要素で構成された総合芸術です。

その演目の数は400以上とも、700以上ともされていますが、現在でもよく上演されるのは100ほど。「歌舞伎の三大名作」として名高い「仮名手本忠臣蔵《かなでほんちゅうしんぐら》」「義経千本桜《よしつねせんぼんざくら》」「菅原伝授手習鑑《すがわらでんじゅてならいかがみ》」については、タイトルを見聞きしたことがある方も多いのではないでしょうか。

歌舞伎の歴史は、江戸時代初期にまでさかのぼります。

その起こりは女性芸能者・出雲の阿国《おくに》によって始められた「かぶき踊り」で、最初は女性たちによる踊り中心の芸能でした。

「かぶき踊り」は庶民の間で大人気を博し、多方面に影響を及ぼし、様々な芸能を生み出します。

女性たちによる「女歌舞伎《おんなかぶき》」、遊女屋で広がった「遊女歌舞伎《ゆうじょかぶき》」、少年たちによる「若衆歌《わかしゅか》舞伎《ぶき》」。

ところが、それらはいずれも「風紀を乱す」という理由で、当時の幕府に禁止されてしまうのです（江戸時代以降に強くなり始めていた「男尊女卑」の風潮も関係していたようです）。

そこで、次に出てきたのが成人男性を中心とした「野郎歌舞伎《やろうかぶき》」です。「成人男性だけで演じるのなら、文句はないだろう」というわけです。

ただ、メンバーが男性だけですから、物語のヒロインも男性が演じなければなりません。そこで「女性を演じる男性」である「女方《おんながた》」が生まれ、今の歌舞伎の原形ができました。

このように、歌舞伎の歴史とは、「お上から禁じられては、臨機応変にスタイルを変える」という苦難の歴史そのものだといえます。

しかし、様々な制約を受け入れ、逆手にとった結果、「男性だけで演じる」という新しい演芸の形を生み出すことに成功したわけです。

「あらゆる逆境を乗り越え、成長の糧にする」、そんな反骨精神によって、歌舞伎は完成形へと近づいていきます。

江戸時代に〝国民的アイドル〟級の人気があった「歌舞伎」

「世間の常識にとらわれない」というのも、初期の歌舞伎の大きな特徴です。

そもそも、歌舞伎の語源は「傾《かぶ》く」という言葉にあります。これは、「傾《かたむ》く」という意味から転じて「人目につくような変わった身なりや行動をすること」という意味です。流行の先端をいく装いや、奇抜な格好、保守的な慣習や常識を無視した扮装《ふんそう》で、「ショー」を演じ、人々を楽しませる。それが歌舞伎のルーツである「かぶき踊り」のコンセプトでした。

ですから、歌舞伎に「既成概念にとらわれない」「流行の最先端をいく」「観る人を驚かせ、楽しませる」という精神が流れているのは当然のことなのです。

幕府はそのような「歌舞伎」を庶民の娯楽として位置づけたものの、身分が高い人（武士や公家）が見ることを良しとしませんでした。なんと、歌舞伎が上演されている芝居小屋への立ち入りを禁じたのです。

しかし江戸時代の歌舞伎の人気は、大変なものでした。

歌舞伎の特徴

◇「芝居」「踊り」「音楽」で構成された総合芸術
◇見た目が端整
◇クライマックスで決めポーズ「見得を切る」
◇落語家は「どう笑いをとるか」、歌舞伎役者は「どう自分を魅力的にみせるか」を常に考えている

今でいうところの〝国民的アイドル〟級の影響力、集客力はあったでしょう。その証拠に、本来は観覧を禁じられていたはずの上流階級の人たちまでもが、身分を隠したり偽ったりして、「お忍びで芝居小屋へと通った」と言い伝えられています。

明治時代に入ると、身分制度は廃止され、歌舞伎は一転して「日本文化の代表」的なポジションを与えられることになり、公に広く愛される芸能となりました。

一方で、政府は外国人や上流階級向けの公演を歌舞伎界に要請。結果的に、特殊な芝居や表現法が発達したともされています。

今では、能楽や文楽と並び、歌舞伎も「ユネスコ無形文化遺産」に登録され、日本が世

界に誇る伝統芸能であると認められています。

歌舞伎が庶民に熱狂的に愛され、支持されてきた点は、落語と非常に通底していますね。

歌舞伎と落語を、音楽にたとえると、次のような図式に当てはめることができます。

「落語はジャズ、歌舞伎はクラシック」

なぜなら、「古典落語と、それを自己流にアレンジして再現する落語」と「スタンダードジャズと、それをアレンジして再現するジャズ」は、相似形であるからです。

噛み砕いていうと、噺のオチも筋もわかっているのに何度聞いても面白い「古典落語」は、スタンダードジャズと共通する部分があります。

実際、ジャズ好きで玄人顔負けの知識を持つ落語家も存在します。

林家正蔵師匠（九代目）は、ラジオ番組やジャズ専門誌でジャズ評論家としても活躍し、またジャズピアニストとコラボをして「ジャズ落語」を企画し、話題を呼んでいます。

落語とジャズは、似ている部分が多いゆえに親和性も高いのです。

一方、現代における歌舞伎は、基本的に演目の忠実な再現を目指します。自己流の解釈や改変を加えることは、通常ではありません。あくまで型の厳密な継承なのです。

もちろん、ここまでの話は「落語と歌舞伎、どちらが優れているか」という話ではありません。わかりやすく理解するために図式化を試みたまでです。

「江戸時代の支配者層も隠れて楽しんでいたほど、歌舞伎は広く愛されていた」という事実は、ぜひ覚えておいてください。

歌舞伎はイケメン、落語は三枚目

広く庶民に愛されてきた歌舞伎。その人気を牽引していたのは、何といっても歌舞伎役者という男性たちの存在でしょう。

江戸時代から、歌舞伎役者とは「イケメン」「絶対的な二枚目」と相場が決まっていました。それは「見た目が端整である」という外見的な意味だけに限りません。

彼らは、骨の髄まで、つまりメンタリティーまで「イケメン」なのです。平たくいうと

「自分がスターであること」に照れがないのです。

そのような精神性は、歌舞伎の演出の一つであるいわゆる決めポーズ「見得《みえ》」にも表れています。

「見得」とは、舞台上で物語が進行している最中に、クライマックスの場面で流れを一瞬中断させ、役者たちが全員でとるポーズのことで「見得を切る」という表現をすることもあります。

主役の役者は、両手を広げて、両目を見開き、仁王像のようなポーズをとります。一種のファンサービスととれなくもありませんが、このように自分自身を「魅力的にみせる」という演出は、いかにも歌舞伎らしいものです。

もし、落語の途中で、そんな「ポーズをとる瞬間」が設けられたとしたら、落語家はどうするでしょうか。

ほとんどの落語家は「自分をかっこよく見せよう」とはせず、「笑いをとろう」として、変顔をしたり、「面白がってもらう方向」に工夫を凝らしたりすることでしょう。

つまり、落語家とは本能的に三枚目を志向するものなのです。

なぜ人間国宝は歌舞伎役者に多くて落語家に少ないのか⁉

「人間国宝」という言葉を聞いたことのある人は多いと思います。

「人間国宝」というのは、厳密には、「文化財保護法の規定に基づき、〝重要無形文化財〟に指定されている〝技〟を高度に体得していたり、体現したりしている人（＝重要無形文化財保持者）」という意味です。国から人間国宝に認定されると、活動費として年間２００万円の助成を受けることができます。

この制度は「生涯認定」と呼ばれ、命ある限り、認定を取り消されることはありません。加齢や健康上の理由で、自身の活動が難しくなっても、「その分野に人間国宝がいる」という点で「技」の維持に貢献していることになるからです。また、体の自由が利きにくくなっても、講演活動をしたり、後継者の育成に携わったりすることは可能でしょう。だから、人間国宝の認定は〝一生モノ〟なのです（本人が死亡した時点で認定は「解除」されますが、名声は永久に残ります）。

実は、人間国宝に認定された落語家と歌舞伎役者の数を比べると大きな差があります。歌舞伎役者で人間国宝に認定された方は、昭和30年から数えると、25名を超えます。それにひきかえ、落語家で人間国宝に認定されたのは、わずか3名しかいません（いずれも故人を含む）。落語家の人間国宝は、数がそう多くはないので、名前を挙げておきましょう。

5章でもご紹介する柳家小さん師匠（五代目）。

古老の落語家たちから聞き取り調査を行って、数々の古典落語を復活させ、上方落語の復興の立役者となった桂米朝師匠（三代目）。

「17人抜きで真打ち昇進」という伝説の持ち主で、「枕の名手」という異名をほしいままにした柳家小三治《やなぎやこさんじ》師匠（十代目）。

この人数の差を見るだけでもわかりやすいですが、もっとも、このような「差」が生まれる背景には、いくつかの理由があるのです。

一つ目は「落語は技の細分化が難しい」という点です。

歌舞伎の場合は、「立役」（劇中の中心的な存在）、「女方」（女性役）、「脇役」などと役柄で分類ができるため、「歌舞伎」という1ジャンルの中でも数多くの分類ができることになります。

かたや、落語の場合は「江戸落語」「上方落語」という分類しかなく、認定の対象になりにくいのです。

二つ目は、「落語に人気があったため、保護の対象ではない」と見なされてきたことです。人間国宝の認定が始まった1950年代、落語は大衆芸能として非常に勢いがありました。皮肉な話ですが、そのような状況が「人間国宝へのなりにくさ」を招いたのです。

人間国宝以外の栄誉である「文化勲章」「紫綬褒章」でも落語家と歌舞伎役者には大きな差があります。

「文化勲章」とは、その名の通り「文化面において、多大な功績を挙げた人」に贈られる栄誉です。いわゆる文化人が多数受章しています。

歌舞伎役者の文化勲章受章者は、８人。

一方、落語家の文化勲章受章者は１人。桂米朝師匠(三代目)だけです。

「紫綬褒章」とは、「褒章」の一つ。学術や芸術、スポーツ分野の功労者に授与されるものです。

歌舞伎役者の紫綬褒章受章者は、33人。

落語家の紫綬褒章受章者は、19人。


特筆すべきは、「人間国宝」「文化勲章」「紫綬褒章」の三冠王である桂米朝師匠(三代目)という存在でしょう。彼はテレビタレントのみならず、NHK紅白歌合戦の審査員やジブリ映画の声優を務めるなど、落語界の枠を超えた多彩な活動で国民的な人気を博しました。ただ、あくまで「軸足は落語」という印象が強いのです。

2009年、文化勲章を受けたとき、報道陣に「落語家として初の受章」の感想を問われ、次のように返しています。


「あ、そうですか。そういうことも知らなんで……」

「それぐらい(落語界は)疎外されてた世界ですから。何を言うていいやら、わかりまへんがな。芸能界始まって以来の珍事かもしれまへんなぁ」

彼の言葉に、今までの落語界が置かれてきた状況が象徴されているのではないでしょうか。

二世が少ない落語家、ほぼ世襲の歌舞伎役者

では「落語家」と「歌舞伎役者」ではプロになる方法はどのように違うのでしょうか。現代の歌舞伎界では「世襲制」がとられています。つまり、「親が歌舞伎役者なら、息子も歌舞伎役者」というケースが一般的なのです。

一方、落語の場合は、どんな人でもやる気さえあれば「落語家」になれます。弟子入りをしたい師匠を自分から見つけて志願をし、師匠に許されれば、誰でも入門することができます。真打ちになるまでの年数には個人差が大きくありますが、「落語家になるルート」は万人に開かれており、いたって平等、公平なものだといえるでしょう。

もちろん落語界でも、息子さん本人の意志で「父親と同じ落語家になる道」を選ぶケースはゼロではありません。しかし「落語家は、二世が少ない職業」と言われます。たとえ著名な落語家の二世（息子・娘）であっても、本人自身に実力や人気が伴わなければ、落語界で稼ぎ続けていくことは難しいからです。

ポジティブに定義すると、落語家とは、どんな人でも、やる気ひとつで天下を獲れる、ドリーム溢れる職業なのです。

とはいえ、世の中にはどんなことにも例外が存在するものです。

代々続く歌舞伎役者の家系の生まれでなくても、23歳までの男性であれば、歌舞伎役者になれる可能性は残っています。

「国立劇場歌舞伎俳優養成所」（運営：日本芸術文化振興会／協力：伝統歌舞伎保存会・松竹株式会社）では、毎年、「歌舞伎役者になりたい男性」を広く一般から募っています。

2年間、この養成所で研鑽を積み、その後、歌舞伎役者に弟子入りをして、さらに修業を重ねれば、歌舞伎役者への道が開けるのです。

「本当に、そんなルートがあるの？」と疑われるかもしれません。

けれども、才能や努力でトップクラスにまで上り詰めた〝養成所出身〟の役者も、ごくわずかですが存在します。

世界で絶賛される立女方（最高位の女方俳優）、坂東玉三郎（五代目）。

『半沢直樹』（TBS系列）をはじめ、数々のドラマや映画、CMに出演し、活躍の場を広げ続ける片岡愛之助（六代目）。

この二人も、なんと養成所出身です。

このような歌舞伎界と比べると、落語界が牧歌的なものに思えてきます。

「売れる」「売れない」は別として、とりあえず「落語家になる」ためのハードルは、限りなく低いものです。

「生まれで差別はしない」という公平性、大衆性こそ、「落語」という芸能の本質をよく表しています。

能も狂言もルーツは同じ「武士のもの」

次に、「能」「狂言」と落語を比べてみましょう。

落語は「庶民の間で支持されてきた大衆演芸」で、能と狂言は「時の支配者に支持され発達した歴史もある高尚な〝芸術〟」といえます。

「能」と「狂言」のルーツは「猿楽」です。

「猿楽」とは、平安時代に生まれ、南北朝から室町時代の頃に大きな発展を遂げた大衆芸能です。奈良時代にアジアの西域からシルクロード経由で伝わってきた雑芸「散楽」が元になっていると言われていますが確かなことはわかっていません。

「猿楽」はもともと駄洒落などの「秀句」や「ものまね」「寸劇」など滑稽な演技を主とする芸能でした。それが鎌倉時代になると、滑稽な演技だけにとどまらず、ストーリー性のある演目なども演じられるようになりました。それらは「猿楽能」と呼ばれるようになり、現在の「能」へと発展していきます。

室町時代の三代目将軍・足利義満の頃には、観阿弥・世阿弥親子が、義満からの支援を受け、「能」を完成形へと導きます。「猿楽能」に歌やリズム、舞などを取り入れ、より優雅で美しい「能」へと進化させたのです。

能は、権力者がパトロンとなり、庇護したものですから、どちらかといえば芸術的で〝高尚志向〟です。

「面《おもて》」というお面をつけて演じられ、歴史上の人物を追悼する演目が多く、「〜で候《そうろう》」という「候文」の言い回しが用いられます。ビブラートをきかせた独特のセリフ回しで、「謡《うたい》」という声楽（セリフ）により物語が進行していきます。

このように「能」がブームとなり、芸能として円熟していく中、「猿楽」の喜劇的な要素は「能」とは切り離され、「狂言」というジャンルとして確立し、独自の発展を遂げていきます。

笑える話が落語、笑える劇は「狂言」

「狂言」は能と同じく、日本の伝統的な「演劇」の一種です。能と異なり、喜劇的な要素が極めて強く、「笑いの芸術」と異名をとるほどです。「笑える話」が落語なら、「笑える劇」が狂言です。「〜でござる」という口語調の言い回しが特徴です。

現代では、「能」の演目と演目の合間に、狂言を演じるというスタイルが一般的になっています（能だけ、もしくは狂言だけをそれぞれ単独で披露する公演もあります）。「能と狂言が同じ舞台で、入れ替わり制で演じられる」という形式がいまだに多く見られるのは「同じ流れの中で生まれてきた」という共通項を持つからです。

能楽（能と狂言）の特徴

◇ 武士などの権力者が支持した高尚な芸術として発展
◇ 能はお面をつけ、歴史上の人物を演じることが多い
◇ 能の言い回しは「〜で候」
◇ 狂言は喜劇で、お面はつけない。言い回しは「〜でござる」

もちろん、能も狂言も一時的に衰退したり、存続が危ぶまれたりした時期はありました。衰亡は、どのような伝統芸能にもつきものです。ところが、能も狂言も、その都度権力者や支配層により保護され、現代までその命脈を保ってきたのです。

能の愛好者としては、豊臣秀吉が特に有名です。自らも盛んに舞ったという逸話が言い伝えられています。

徳川幕府も能の保護に熱心で、「幕府の式楽」（儀式用の音楽）と定めてサポートしました。

その後、明治維新によりいくつかの流派は断絶しますが、華族や財閥の支援で息を吹き返し、より大衆性を増した芸能として復活し

ました。

能と狂言をセットで「能楽」と呼ぶようになったのもこの頃で、現在に至る原形が完成したとされています。

文楽は
人形劇×ミュージカル

能、狂言と来れば、忘れてはならないのが「文楽」です。

文楽とは、ひとことで言うと「人形劇とミュージカルを組み合わせた総合芸術」です。

多くの特別な仕掛けがなされた舞台で、「太夫《たゆう》」（物語を語る人）、「三味線」「人形」が一体となり、古くから伝わる演目を再現する、というエンターテインメントです。

文楽の最大の特徴は、1体の人形を3人もの演者で操り、動かすという点でしょう。そのため、迫力がある動き、繊細な動き、どちらも表現することができます。しかし、人形を動かす3人の演者は、姿を隠すのが一般的です（近年は、集客効果を狙うなど、意図的に顔を出すケースも増えています）。

この「演者にスポットが当たりにくい」という点は、落語と大きく異なります。

文楽の特徴

◇ 人形劇×ミュージカル
◇「太夫」（語る人）「三味線」「人形」の三位一体の芸術
◇ 一体の人形を三人で操る
◇ 近松門左衛門が文楽の前身である人形浄瑠璃の名作を多数生み出した

また「演目を作った人の名前が明らかになっている」という点も、文楽が落語と違うところです。

「文楽の演目（物語）を100以上も作り出した」として世界的に知られているのが教科書にも出てくる近松門左衛門という作家です。近松は、「文楽」の前身である「人形浄瑠璃」の名作を多数世に送り出し、「日本のシェークスピア」と称されています。

その代表作には、若い男女の心中を描いた悲劇「曽根崎心中」や中国人と日本人の間に生まれた子の活躍をテーマにした「国性爺合《こくせんやかっ》戦《せん》」などがあります。

作者不詳の噺が大半である古典落語とは、大きな違いです。

ただ、落語も文楽も「発祥が大阪である」という点は共通しています。前にも見たとおり、落語家の始祖は大阪・堺の鞘師、曽呂利新左衛門でした。

一方の文楽は、1684年、竹本義太夫《たけもとぎだゆう》が大阪・道頓堀に劇場「竹本座」を建て、「浄瑠璃」（三味線の伴奏で、太夫が音曲を語る劇場音楽）と人形劇を統合した「文楽」を始めたことが、その起こりです。

それから大阪の至るところに文楽用の劇場が建てられるようになりました。

その後、一時的に人気が衰退することもありましたが、1805年頃、植村文楽軒《うえむらぶんらくけん》という人物が「高津新地の席」という人形浄瑠璃の小屋（のちの文楽座）を開くなど、文楽の復興に奔走。そこからじわじわと人気は盛り返し、2003年にはユネスコの「無形文化遺産」に登録されるまでになりました。

文楽は今や「世界に誇る、日本の伝統芸能」と胸を張っていえる存在です。

文楽の演目の特徴は、「ジャンルが多岐にわたっている」という点でしょう。

江戸時代やそれ以前を舞台にした演目が多く、「笑いを追求する」という要素は、落語よりもかなり薄くなりますが、恋愛や合戦、サスペンスなど幅広いジャンルがあり、手軽な大衆芸能として親しまれていました。

文楽が描く人間ドラマは、現代人でも十分理解でき、楽しめます。

現代の私たちが文楽を楽しもうと思ったら、大阪と東京で行われる「本公演」、または全国で行われる「地方公演」を観に行けばよいのです。

「本公演」の場所は、大阪の国立文楽劇場（日本橋）と、東京の国立劇場（半蔵門）がメインです。なお、文楽が生まれた大阪が現在もホームグラウンドになっています。

全国巡業の地方公演は、3月と10月を中心に全国各地のホールや劇場で上演されます。

もうお気づきかもしれませんが、文楽には携わる人の数が多いため、それなりの設備が整ったところでないと、上演することができません。

「座布団1枚さえあれば、室内でも野外でもどこでもすぐに演じられる」という落語とは、そういった点でも異なっています。

落語は〝庶民の娯楽〟、講談は〝武士の講義〟

最後に紹介するのは、落語に一番近い伝統芸能「講談」。近年、講談の世界に再び注目が集まっています。その理由の一つとして、独演会で定員数百人の会場を満員にする講談師・神田松之丞《かんだまつのじょう》さんの人気が挙げられるでしょう。講談は落語と同じく「演芸」というジャンルで、寄席で行われます。階級も落語と同じく「前座」「二ツ目」「真打ち」というようにわかれています。神田松之丞さんは二ツ目でありながら数百人の会場を満員にするほどの人気で、2020年2月には真打ち昇進が決まっています。

落語を演じる人を落語家と呼ぶのに対し、講談を演じる人は「講談師」と呼びます。講談師は、着物姿で舞台に登場し張扇《はりせん》という扇子を手にしており、落語家と一見、見分けがつきません。見た目の違いでいえば、講談は高座に「釈台」と呼ばれる台が置いてあることです。講談師は、この台を張扇で、パンパンとたたいて音を鳴らし、リズムをとりなが

落語と講談の特徴

◇江戸時代、講談は「武士の講義」で落語は「庶民の娯楽」だった
◇講談は「太閤記」「太平記」「赤穂義士伝」など歴史物が多い
◇講談も落語も「寄席で着物を着て高座に上がる」のは同じ
◇講談は釈台を張扇でたたいてリズムをとる

ら話します。

落語と講談の最大の違いは話す内容にあります。

落語は「笑い話」なのに対し、講談は「歴史物語」です。落語は演目を「出し物」と呼びますが、講談は釈台に本を置いていたことから「読み物」と呼ばれています。

ルーツをたどると、落語は1章でお話しした通り、庶民に仏教の教えを滑稽にわかりやすく伝えることを目的にしていました。それに対し講談は、支配階級にあった武士に、武士の歴史や作法を伝える講義がルーツになっていると言われています。釈台に本を置き、歴史物語を読み聞かせるように武士に授業していたのが「講談」だったのです。

国民的な人気を誇る時代劇『水戸黄門』（TBS系列）も、もとは「水戸黄門漫遊記」として江戸で人気を博した講談の一つでした。

これらの講談は、それまで口伝で広まっていましたが、明治時代に「講談本」という形で一般にも広く浸透するようになります。その講談本の出版事業に携わっていた会社の一つに、現在の「講談社」があります。社名の通り、創業当初は「講談」を売っていたというわけです。

詳しく分類すると、講談は「軍談」「御記録物（ごきろくもの）」「世話物」という3つのジャンルにわかれます。

◆「軍談」……「太閤記」「太平記」などの合戦を描いたもの。
◆「御記録物」……「赤穂義士伝」「伊達評定」など将軍家や大名に伝わる記録、伝記のこと。
◆「世話物」……「白浪物」（「石川五右衛門」や「鼠小僧」のような泥棒の話）、「怪談物」（「四谷怪談」など）、「侠客物」（「清水次郎長」などのやくざの話）、「武芸物」（「宮本武蔵」など負け知らずの剣豪を描いたもの）、「お裁き物」（「大岡越前守」「水戸黄門漫遊記」など）。

落語と講談の違いは、次のようにも表現できます。

落語とは「人間って、本来ダメなものだし、ダメでいいんだよ」と説いてくれるもの。人間の業（人の欲求や「不合理」とわかっていても行ってしまう行為）を肯定したり、心を癒やしたり、楽しませてくれたりする演芸。

講談とは「精神一到何事か成らざらん（集中して行えば、何事も成就できないことはない）」という精神で、人間を啓蒙し、鼓舞してくれる演芸。

つまり、「落語はユルくて、講談は真面目で立派」なのです。

歴史を振り返ると、講談とはそもそも「徳川家康など先人の武勲を称えるもの」として発展してきました。

象徴的な教えが「武士は食わねど高楊枝」です。

武士とは、「貧しくて食事ができなくても、あたかも食べたかのように楊枝を使ってみせるものだ」という教え。清貧や体面を重んじる気風のことです。

支配者階級である武士の〝矜持《きょうじ》〟を、わかりやすく伝えるためのモデルケースとして、講談は広まったのです。

だから、講談はハードに畳み掛けるように謳いあげます。落語の本質が「人間の業の肯定」だとすれば、講談の真髄とは「人間の剛の肯定」と言えるでしょう。

このように「武士は食わねど……」という武士の美意識を訴える講談に対して、「腹が減ったら、食うなと言われても食っちまうよなぁ」というのが、庶民に愛された落語の精神です。

だから落語は語り口もソフトで、常に笑いを求めます。

〝庶民の処世術の見本帳〟として大衆に支持された落語には、人に対する距離の取り方への叡知《えいち》が詰まっています。

「言いなりになってりゃいいんだ」

「上のものにはさからうなよ。とりあえずあやまっちまえ」

「へいへい、お怒りはごもっともさまでございます」

このようなセリフは、落語の随所に出てきます。

落語では「人間の弱さ」を前提としているせいか、「弱いもの」同士としてかばい合い、その優しさを分かち合うかのように物語が展開してゆきます。

そのせいでしょうか、基本的に「ほめると人間は気持ちよく感じる」「ほめられると人間は弱い」というところを突くような噺が多く見受けられます。

古典落語に「忠臣蔵」がないワケ

「落語」と「講談」の違いについて理解を深められる、とっておきの好例があります。日本人に大人気の時代劇『赤穂浪士』、いわゆる『忠臣蔵』です。赤穂浪士の討ち入りが行われた年末が近づくと、そのドラマがテレビで放映され、冬の風物詩、代名詞のようになっています。

その筋書きは次の通りです。

江戸元禄年間、1701年3月14日、江戸城「松の廊下」で刃傷沙汰《にんじょうざた》(刃物で人を傷つけるような騒動)が起こります。この日は、下向(げこう・都から地方に行くこと)していた勅使《ちょくし》(使者のこと)たちに返礼する、大切な儀式が行われていました。勅使たちの接待役を務めていたのは、赤穂藩主である浅野内匠頭《あさのたくみのかみ》です。彼が「松の廊下」で吉良上野介《きらこうずけのすけ》を斬りつける、というとんでもない事件が起きました。

時の将軍、徳川綱吉は激怒し、浅野は即日切腹、赤穂浅野家はお取り潰し（家の断絶を命じられること）となります。

一方、吉良は眉間と背中を斬られますが、傷は浅く、彼自身へのお咎めはありませんでした。

当時は「喧嘩両成敗」がルールです。なのに、吉良が罰せられなかった結果に納得できない赤穂藩の旧藩士たちは、藩主の無念を晴らすべく、「赤穂藩お取り潰しの撤回運動」を始めます。

しかし、思うようにはいきません。そこで旧藩士たちは「仇討《あだう》ち」として吉良を討ち取ることを決意します。

大石内蔵助ら47名の旧藩士たちは、水面下で準備をします。そして浅野の月命日でもあった１７０２年12月14日未明に吉良邸への討ち入りを決行。約２時間後に吉良の首をとることに成功します。

吉良邸を引き揚げた一行は、浅野家の菩提寺に向かい、亡き主君の墓前に吉良の首を供えます。

その後、幕府によって赤穂浪士たちには「切腹」という処分が下されます。

翌年の2月4日、各大名屋敷に預けられていた赤穂浪士たち46人は切腹を遂げ、事件は幕引きとなります（一人足りない理由は、寺坂吉右衛門という人物がどこかに消えたからです）。

後にこの事件は歌舞伎『仮名手本忠臣蔵』として人気を博してから『忠臣蔵』として世に知られるようになりました。

この『赤穂浪士』は講談の演目にもなりましたが、古典落語には赤穂浪士を扱った噺は見当たりません。

それは決して偶然ではありません。落語の本質にかんがみると、当然のことと言えるでしょう。

そもそも講談の目的とは、〝啓蒙〟です。前にも見たとおり「我々のご先祖様は素晴らしい功績を残したのだ」「武士は素晴らしい。だから、武士のように立派になれるよう日々努力をしよう」というメッセージをダイレクトに訴えるものです。

だから、「私情を捨て、忠義を尽くした赤穂浪士」という史実が講談の題材として採用されたのは、納得できます。

一方、落語の支持層である庶民は、「忠義」や「目上の人間への献身」「頑張り」など、教訓めいたメッセージを求めてはいませんでした。たとえ、そんな教えを示されても共感できなかったでしょう。生きていくだけでも精いっぱいで、「そんな真面目な話、冗談じゃねえよ」というのが本音だったはずです。

「古典落語が赤穂浪士を題材として扱わなかった」という事実は、「落語」と「講談」の違いを端的に象徴しています。

この指摘を最初にした落語家は、おそらく私の師匠である立川談志（七代目）です。彼は枕などでよく次のような自説を語って聞かせてくれました。

「赤穂浪士の筋書きってぇのは、要は浅野と吉良の喧嘩だろう？　侮辱された浅野の家臣47人が吉良邸に忍び込んで、勝ち目がなさそうなところを勝っちゃったって話だろう？そこがまず、武士の連中にウケたんだ。『精神一倒何事か成らざらん』の精神だからなぁ。武士の鑑《かがみ》だと、もてはやされたんだよ。でもさ、考えてもみろよ。浅野の家来は、47人だけじゃないはずだ。ほかに何人もいただろう。『討ち入り？　面倒くせえよ』『俺は行きたくねえよ』『仮病使ってトンズラするか』……。そんな〝忠臣〟じゃない奴にもスポットを当てるのが、落語なんじゃねえのか」

このような師匠談志の卓見（物事を正しく見通す、優れた意見）を私は何度も聞いてきました。

一方、日本が誇る劇作家・小説家である故井上ひさしさんは、『不忠臣蔵』（新潮社）という歴史的な傑作を残しています。

井上ひさしといえば「反権威、反権力、反骨」として語られることが多いですが、この作品は、そんな彼のイメージにふさわしく、討ち入りに「参加しなかった」、もしくは「参加できなかった」不忠義な浅野の家臣、19人を描いた連作集です。架空の物語ではありますが、いずれも実在する人物が取り上げられ、できるだけ史実に沿った描写となっています。

この小説は、赤穂浪士のいわば「B面」「サイドストーリー」とも形容できるでしょう。

これは推測ですが、落語でもし「赤穂浪士」を題材にするとなれば、井上ひさしさんの小説のように「忠臣」（歴史に名を残した勝ち組）よりも「不忠臣」（逃げた負け組）に焦点を当てるはずです。

「不忠臣にも温かいまなざしを向ける姿勢こそ、落語の本質」という師匠談志の卓見については、ぜひ、記憶にとどめておいてください。

第5章

これだけは知っておきたい落語界のレジェンド

落語界の革命児 立《たて》川《かわ》談《だん》志《し》（七代目）

【1936～2011年】

落語を語る上で、避けては通れないのがこの章で紹介するレジェンドたちです。ここで名前を挙げる5人がいなければ今の落語は存在しなかったと言っても過言ではありません。最初に私の師匠である立川談志（七代目）を挙げたのは〝師弟愛〟のせいでは全くありません。身内であったことを差し引いても「落語界における談志の功績は十二分に大きかった」と言えるからです。

生前の談志は「古典落語をそのまま継承する」という次元をはるかに超えた境地を目指していました。「現代に、より一層フィットするスタイル」を模索し、落語の革新に取り組んだのです。

たとえば、談志は古典落語の新たな解釈に挑み続けました。その代表作といえば「芝浜」でしょう。談志は、登場人物の描写を変え、毎年のように「芝浜」を演じましたが、決して満足することはありませんでした。その甲斐あってと言うべきでしょうか、亡くなる4年前の「芝浜」の解釈は「奇跡の名演」と評され、今でも伝説となっています（妻の弱さや愛らしさにスポットを当てた描写となっています）。

また「真打ち昇進」にまつわる落語界の旧弊なシステムに異を唱え、自分で流派を立ち上げ、昇進にまつわる独自のルールを打ち立てました。

1971年には国会議員（参議院議員）に当選。1期（6年）を務め上げ、メディアへの露出を増やし、結果的に落語の認知度を上げることに貢献しました（もっとも、三木内閣の沖縄開発政務次官を任命されたときは、酒に酔って会見を行ったため、在任期間は36日間でしたが……）。

亡くなるまで、落語家としての〝新境地〟を追い求め続けたのです。

中には、当時の〝常識〟から外れるような言動も多くありました。おかげで「異端児」「反逆児」などとネガティブな言葉で形容されたり、誤解を受けたりすることも日常茶飯事でした。

ただ、談志は高い理想を掲げ続け、落語界のフロントランナーとして時代を駆け抜けたのです。

改革と本質を追い求めた談志の信念「全てを疑え」

談志は16歳のとき、柳家小さん（五代目）門下に弟子入りします。

桂文楽（八代目）、古今亭志ん生（五代目）など、昭和の至宝たる各師匠たちが、綺羅星《きらぼし》のように輝いていた時代です。

そんな夢のような世界に飛び込んだのですから、本来ならば落語界に身を置いているだけで幸せに酔いしれてもおかしくはないはずです。しかし、そのような恵まれた境遇の中で、談志はなぜ、批判精神を忘れずに新境地を追い求めたのでしょうか。

理由の一つとして、「全てを疑え」という彼の信念が挙げられるでしょう。

この信念は、９歳の頃に経験した「敗戦による価値観の逆転」によって形成されたと言われています。

「〝良い戦争〟なのだと思ったら〝悪い戦争〟だということになった。この一事のために、私はもはや何事も素直に見ない習性を身につけてしまった」

想像ではありますが、このような信念があったからこそ、当時の落語界の中で多くの違和感や疑問を覚え、「改革をしたい」という強烈な使命感が湧いてきたのでしょう。

談志の情熱は、29歳で上梓した名著『現代落語論』（三一書房）に結実します。

同時代の落語家たちの芸を詳細に分析した上で、次のような指摘をしてみせたのです。

「落語は、師匠に教わった通りをなぞっているだけでは、先細りになって時代に取り残される」

「古典的な型をただ継承するだけの、能や狂言と同じ道を辿ることになる」

「現代と大衆と古典をつなぎ合わせる落語家がいないと、落語は廃《すた》れる」

この著作は今でも、多くの現役落語家たちのバイブル的な存在となっています。

1983年、談志は落語協会を脱退し、独自に家元制の「落語立川流」を創設。後進の育成に心血を注ぎ、激烈かつユニークな修業で、現在立川流の真打ちとして大活躍している立川志の輔、立川志らく、立川談春各師匠など多くの弟子たちを育て上げます。

談志が弟子たちによく語っていたのは、次のような教えです。

「常識的に物事を考えてはいけない。必ず裏側からも見ろ」

「多数派につくな、異論を唱えろ」

「相手をびっくりさせろ」

このようなトリッキーな見方を是とした談志ですが、彼が人間的にも優れていたのは「弱者への温かいまなざし」を忘れなかった点でしょう。

「弱く愚かな人間の存在を肯定する視点」を大切にし、「落語の本質とは、人間の業を肯定すること」と看破してみせました。

談志には、型破りな武勇伝が山のようにあります。

飲食店に食事に行って、サインを頼まれたとき、よく書いていたのは「我慢して食え」というフレーズでした。著名人による店の賛辞がしたためられた上品な色紙の横に、談志の〝ちょっと失礼に見える色紙〟も貼ってくれるようなシャレのわかる店とは、仲が良かったものです。

有名なのは、国会議員を目指していた時期、遊説先でからまれたときの問答でしょう。

「お前なんぞが国会議員になれるわけがない」と、通行人から突然声をかけられたとき、「あなたよりは可能性があります」、そう冷静に返したのです。

このような当意即妙な切り返しから、立川談志の天才っぷりがうかがえます。

落語界初の人間国宝

柳家小《やなぎやこ》さん（五代目）

【1915〜2002年】


立川談志の師匠が、柳家小さん師匠（五代目）です。

小さん師匠は後に、落語界で初めて人間国宝に選ばれた、超一流の落語家です。

当時、即席みそ汁のテレビCMに出ていたことから国民的に知られ、人気を博していました。絶大な知名度があったのです。とはいえ、数ある有名落語家の中から小さんを師匠として選ぶとは、談志の優れたセンスがうかがえます（これは談志本人が言っていました）。

小さん師匠は高校を中退した16歳の談志を受け入れて、真打ち昇進まで約10年間かけて育て上げます。

周囲から「素行が悪い」といくら叱られても、小さんは談志の芸を認め、かわいがり続けました。

ただ、談志は自分の弟子が「真打ち昇進」で落とされたことをきっかけに、所属していた落語協会の方針に激怒。協会の当時の会長であった自分の師匠、小さんに反発し、協会を脱退するに至るのです。

とはいえ、小さんと談志の仲は、深い信頼関係に結ばれたものでした。談志は陰では小さんを慕い、小さんは談志に「こんなにかわいい奴はいない」と目をかけ続けました。

小さんは大御所でありながら、情に厚い人格者でもありました。立場の上下にかかわらず、他人の意見に熱心に耳を傾ける姿勢は、「大御所の落語家らしくない」とさえ周囲に言わしめたほどでした。

１９９５年、落語界で初めて人間国宝になった際には、次のような趣旨の発言を残しています。

「昔は歌舞伎と落語は同列だったが、いつのまにか落語が下になっちゃった。今回のことは、あたし一人ではなく、落語界全体の喜びだね」

そして、１９７２年から１９９６年まで、なんと24年間も落語協会の会長を務め、常に落語界全体を考え続けたのです。

噺をしなくても惹きつけられる柳家小さんの存在感

小さん師匠の魅力は、まず佇まいにありました。

高座に登場するだけで、客席からクスクスと笑い声が起こる。写真を見ていただくとわかりますが、「顔がコミカルでユーモラスで、チャーミング」なのです。

このように噺をする前から惹きつけられるような存在感のことを、落語の専門用語で「フラがある」と形容します。

これは、落語家本人が放つ「つかみどころのないおかしさ」や、「独特な趣」を高く評価する言葉です。

「あの落語家はフラがあるね」（＝「どこかおかしくて、憎めないね、惹きつけられるね」）というように使います。現存する映像資料を見てもらうとよくわかりますが、小さん師匠ほど、フラがある落語家は珍しいでしょう。

もともとフラを備えている落語家が噺を演じると、より一層味わいが増すのは、言うまでもありません。明るい芸風で、得意演目には「粗忽長屋《そこつながや》」「長屋の花見」「時そば」「試し酒」「笠碁」「らくだ」などがあります。滑稽な「落語」の伝統を、現代にまで受け継いだとして、高く評価されています。

そばやうどんを扇子を使って食べる秀逸な仕草にも、多くのファンがいました。また「百面相」（手ぬぐいやつけひげなどの簡単な小道具を使い、様々な顔に変えてみせる寄席芸）などの芸も人気でした。

「二・二六事件」の最中に兵士の前で落語を演じた⁉

このように、おおらかでユーモラスな芸風で一世を風靡した小さん師匠でしたが、若い頃は苦労の連続でした。少年時代には関東大震災を経験したり、軍隊に徴兵されて二・二六事件に巻き込まれたりもしているのです。

「二・二六事件」とは、１９３６年に起きた、陸軍の国粋主義の青年将校たちによるクーデターです。小さん師匠は、国粋主義者ではありませんが、知らないうちに反乱に参加させられ、警視庁を占領する一人となります。

落語家という素性を上官に把握されていた小さんは、なんとその現場で、落語を一席演じるよう命令されます。しぶしぶ「子ほめ」を演じましたが、そこに居並ぶ兵士たちは、緊張や空腹で笑う余裕はなく、なんと「面白くない！」という野次が飛び交ったそうです。このような壮絶な体験を経たからこそ、平和を好む円満な人柄が形成されたのかもしれません。

そんな小さん師匠ですが、亡くなる前夜は、ちらし寿司を寿司屋から取り寄せて食べ、「明日はいなり寿司が食べたい」と言い残し、翌朝、あの世に旅立ちました。落語界に献身的に尽くし、多くの人たちに愛され、87歳で大往生を遂げたのです。

破天荒で一匹狼な落語の神様

古今亭志ん生《ここんていしんしょう》（五代目）

【1890〜1973年】

柳家小さん師匠を「テレビ創成期を駆け抜けた落語家」とすれば、古今亭志ん生師匠はその一つ手前の「ラジオ全盛時代の申し子」です。

ラジオの民間放送が始まったのは1951年のことですが、「低予算でウケるコンテンツ（番組）」としてラジオ局が注目したのが落語だったのです。ラジオ局と専属契約を結んで、全国区の人気を獲得していく落語家も現れます。古今亭志ん生師匠も、その一人でした。

彼は「落語は寄席でするもの」というそれまでの既成概念を打ち破り、活躍の場をメディアに広げ始めた世代の急先鋒だったのです。

そう聞くと、志ん生師匠のことを、時代の最先端を歩む、いかにも〝ハイカラでスマート〟な落語家と思われるかもしれません。しかし、実際は正反対です。全国区の知名度を得る前の志ん生師匠は、「真打ちになってもボロボロの身なりで平気で高座に上がっていた」と言い伝えられています。

実は、当時の落語家といえば、今でいう「ファッションリーダー」的な存在でした。派閥ごとに洒落た着物をまとう落語家たちには、熱狂的なファンがつくほどでした。

そんな落語界に身を置きながら、〝無所属〟で身なりに全く気を遣わない志ん生師匠は、「一匹狼」という言葉がぴったりだったのです。

このように、志ん生師匠は数々の〝貧乏伝説〟や〝破天荒伝説〟の宝庫でした。しかし、同時に芸の天才でもあったのです。

大河ドラマでビートたけしが演じた落語家

自由で波乱万丈な人生を送った志ん生は、2019年のNHK大河ドラマ『いだてん～東京オリムピック噺』にも登場します。その少年期を森山未來、壮年期以降をビートたけしが演じたことで大きな話題となりました。

「落語の神様」として熱狂的なファンに崇められ、1964年には紫綬褒章まで受章します。数多くの音源が残っており、現代でも多くのファンがいます。その芸風は、アドリブを得意とするジャズ奏者にもよくたとえられます。

彼は、いったいどれほど破天荒な落語家だったのか、どのような芸で大衆を魅了したのか、お話ししてみましょう。

志ん生は旗本（武士の身分の一つ）の家系に生まれます。父親は警視庁に勤めるほど堅気な人でしたが、息子をちょくちょく寄席に連れて行くこともあったようです。志ん生はその頃から「芸」に触れるようになります。

しかし、志ん生は〝札つきのワル〟へと育っていきます。

小学校に入学後は、素行が悪くて退学処分をくらい、奉公に出されては追い返される……ということを繰り返します。14歳で浅草に移り住んでからは、賭博に酒、たばこなどにも手を出し始めます。

困り果てた両親は、志ん生を家出させます。いわゆる「勘当」です。

それから志ん生は、一度も実家には帰らず、親兄弟が亡くなっても戻らなかったといいます。

そして、17歳での弟子入りを皮切りに、何人かの師匠に教えを乞い、21歳で真打ちに昇進します。

とはいえ、ここから急に品行方正になるような志ん生ではありません。

32歳で結婚しますが、妻の嫁入り道具を質入れし、つくったお金で吉原で遊ぶという、自由気ままな暮らしを続けます。ときには師匠の着物を質入れしたり、周囲にお金を借りては酒や博打で散財することもあったようです。そんな調子ですから、懐はいつも寒く、高座に上がるときの衣装はボロボロでした。

もちろん、志ん生の芸は確かでしたから、一部のファンからは支持されていました。
ただ、師匠や周囲とトラブルを起こすなど、問題も多く、前座を務めさせてもらうのが精いっぱい。大ブレークには至らなかったのです。

「なめくじ部屋」に住んだ天才

ついに志ん生の一家は、夜逃げをして家賃がタダの長屋に暮らすようになります。その長屋は、蚊やゴキブリ、大量のなめくじが出るような環境だったので、後に「なめくじ部屋」と呼ばれるようになります。

毎朝、人の指の太さくらいの大きななめくじを捕まえ、捨てにいくのが志ん生の日課だったといいます。しかし、金銭的にそれほど追い込まれても、志ん生が落語をやめることはありませんでした。彼は、ただただ芸に精進し続けたのです。

努力の甲斐あってか、それから志ん生は徐々に売れ始めます。１９３９年に「五代目古今亭志ん生」を襲名。独演会を開けば超満員になるほどの人気者へと成長していきます。

このとき、志ん生は50歳手前でした。「遅咲きの花」と言ってよいでしょう。

しかし、そんな志ん生を不運が襲います。１９４５年、陸軍から慰問芸人として満州に派遣されたあと、終戦直後の混乱に巻き込まれ、日本に帰れなくなってしまいます。

周囲をロシア兵が巡回しているような状況で、夏服しか手持ちがなく、凍死寸前にまで追い込まれたのです。志ん生は、そのような限界状況での暮らしを約2年も強いられました。

げっそりと痩せこけた姿でようやく帰国を果たした志ん生は、ラジオブームに乗り、人気をさらにアップさせていきます。そこからの数年間が、彼の絶頂期となりました。

一躍スターダムに駆け上がった志ん生は時代の寵児となり、「落語の神様」という呼び名をほしいままにしました。

もちろん、急に売れっ子になったからといって、悪行癖が直ったわけではありません。

高座に酔ったまま上がったり、ときには眠り込んだり、途中で話の流れが無茶苦茶になることもあったそうです。しかし、そんな破天荒さや天衣無縫さが多くのファンを惹きつけ、様々な伝説が生まれ続けました。

古《こ》今《こん》亭《てい》志《し》ん朝《ちょう》（三代目）

【1938〜2001年】

伝統と現代性を持ち合わせたイケメン落語家

天才の名をほしいままにした「愛すべき不良」志ん生師匠。その次男が、古今亭志ん朝師匠です。

志ん朝師匠は、父親とは対照的に、端正で華やかでありながら、おかしみもある芸風が特徴でした。落語界のサラブレッドらしく、声の調子から間の取り方まで正統派の落語を継承しました。

また、高級外車アルファロメオを乗り回すなど、古い落語家のイメージを刷新。伝統と現代性を併せ持つその様は、「モダンジャズにも通じる」とよく形容されます。

志ん朝師匠はルックスにも恵まれた落語家です。特に若い頃は多くの女性ファンがついていて「朝様《ちょうさま》」と呼ばれていました。そんな〝アイドル的な落語家〟をメディアが放っておくわけがなく、志ん朝はテレビやラジオ、舞台に引っ張りだこの存在でした。

テレビやラジオでも評価された天才落語家

ただ、彼は生粋の「落語家志望」だったわけではありません。

外交官か歌舞伎俳優に憧れていたものの、大学受験に失敗。「落語家になれば、扇子一本でどこででもメシが食える」と父親にすすめられ、押し切られた格好でした。それから19歳で父に入門し、2年後に二ツ目、5年で真打ちへと異例のスピード昇進を果たし、世間をあっと驚かせます。

そしてテレビやラジオに活躍の場を広げるばかりか、舞台でも活躍。昭和を代表する喜劇役者・三木のり平に演技力を評価されたこともあります。

もちろん古典落語にも精進し続け、〝副業〟でどんなに高評価を得ても「私は寄席が本業ですから」と言い続けました。若手の育成にも熱心で、時間を見つけては「二ツ目勉強会」を開催していました。

「寄席四天王」の一人・談志との関係性

時代を代表する落語家だった志ん朝師匠は、立川談志（七代目）、三遊亭圓楽（五代目）、春風亭柳朝《しゅんぷうていりゅうちょう》（五代目）らとともに「寄席四天王」と呼ばれるに至りました。そうです。志ん朝は、談志と深い縁で結ばれていたのです。

志ん朝師匠は、談志と同世代でした。さらに言うと、ライバル同士の関係にありました。談志よりも後から落語界に入った志ん朝師匠が、談志を追い抜いて真打ちにスピード昇進を果たしたとき、談志は彼に「真打ちを断れ」と声をかけました。するると志ん朝は「兄さん、俺は実力でなったから」と言い返したのです。

それから談志は、志ん朝師匠と張り合うように落語家として独自の路線を模索し始めます。

「噺の忠実な再現」だけにとらわれず、落語の本質を理詰めで追求し、多数の落語論を著すなど、「志ん朝が手をつけていないジャンル」を果敢に開拓し、第一人者となっていきます。

つまり、全く毛色の異なる志ん朝と談志が、昭和の後半から平成にかけて落語界を牽引していったのです。

とはいえ、二人は単にいがみ合っていたわけではありません。

志ん朝は「江戸の世界をあえて強めに打ち出す」という芸風で人気でした。談志は、それを高く評価し、「金を払って聞く価値があるのは志ん朝だけ」とよく言っていたものです。また2001年、志ん朝師匠が63歳で亡くなった際には「良いときに亡くなったよ」という、同志をねぎらうようなコメントを残しています。

そんな談志も実力を認める志ん朝師匠ですが、残されている映像や音源は他の落語家に比べて少ないと言われています。

それは、志ん朝がかなりシャイな性格だったからだという説が考えられます。取材に応じるのは、あまり好まず、自分が演じている噺をテープに録音することや、映像に残すことも嫌がっていたそうです。

そこには、「落語の芸はライブ（生）に限る」という信念があったのかもしれません。「最後の落語家」と称された志ん朝師匠は、落語界に美しく孤高に咲いた〝華〟だったのです。

〝超完璧主義〟昭和の落語名人

桂《かつら》文楽《ぶんらく》（八代目）

【1892〜1971年】

桂文楽（八代目）は、古今亭志ん生（五代目）と同時代に活躍した落語家の一人です。「愛すべき不良」として多くの人に愛された、あの志ん生とライバル関係にありました。

とはいえ、二人の芸風は正反対のものです。

破天荒さが売りの志ん生とは対照的に、文楽師匠は「厳選した珠玉の作品を練りに練って、完成度を極限まで高めてから高座にかける」という緻密な芸風で高い評価を受けました。

その芸には、「一点一画もおろそかにしない精巧さがある」と言われていて、音楽でいうと、さしずめ「クラシック音楽の優れた演奏家」というところです。

桂文楽は「江戸から伝わる古典を現代に見事に継承した、格調高い落語家」と形容できるでしょう。

また、桂文楽は落語家としての高い矜持を持ち合わせた人でもありました。料亭などに呼ばれて、政治家や政財界の人たちを相手にお座敷を務めるとき、他の落語家たちとは異なり、踊りや唄などは一切披露せず、「演じるのは落語だけ」というポリシーを貫きました。

落語協会の会長を務めたり、落語家として初の紫綬褒章を受章したりするなど、数々の栄誉も手にした、昭和の名人中の名人です。

どらやきで有名な上野の名店「うさぎや」の裏手に居を構えていたため、一帯の地名をとって「黒門町《くろもんちょう》」という愛称で広く親しまれました。

桂文楽の当たり芸の一つに「明烏《あけがらす》※2」があります。

甘納豆をつまみ食いする有名なシーンがあるのですが、その場面を演じる仕草が至芸であると人気を博しました。「指についた砂糖のざらつきまでも伝わってくるようだ」と大きな評判を呼んだのです。

そのため、寄席に文楽師匠の「明烏」がかかると、売店の甘納豆が一瞬にして売り切れてしまったというエピソードが伝えられています。

このようなお話をすると、〝完璧主義の落語家〟の姿を想像せずにはおられませんね。実際、その通りといってよいでしょう。

そんな彼の「自分への厳しさ」を浮き彫りにした、有名な出来事があります。

78歳の落語名人が高座で放った一言

1971年のことです。78歳の桂文楽が、国立劇場での高座に上がったとき。文楽師匠は「大仏餅」[※3]という噺の途中で、絶句します。「神谷幸右衛門《かみやこうえもん》」という登場人物の名前を、突然失念してしまったのです。

彼は、客席に向かって深々とお辞儀をして、次のように詫びました。

「申し訳ありません。もう一度勉強し直して参ります」

舞台の袖に静かに消えた師匠が、高座に上がることはそれから二度とありませんでした。

それから約4か月後、文楽師匠はその生涯の幕を閉じました。

この「勉強し直して参ります」という言葉は、今でも「名言集」などでよく取り上げられています。謙虚さと、芸へのひたむきさは、時代を超えて大きな感銘を与え続けています。

文楽師匠は、古今亭志ん生（五代目）、三遊亭圓生（六代目）と並んで「昭和の三名人」とも称されています。

彼らが落語の黄金時代を築いてくれたおかげで、落語家に入門する若者が増え、古典落語は廃れず、落語界は活性化しました。

当時、LPレコード化された彼らの録音の多くはCD化されています。今でもその名人芸をきくことで、私たちはいつでも「江戸の風」を感じることができます。

Column 2

意外と多い落語由来の言葉

古典落語の魅力の一つに、粋な江戸弁があります。意外に思われるかもしれませんが、古典落語にルーツをもつ言葉は多くあります。中でも、日常的によく使われている言葉をご紹介します（それぞれ諸説が言い伝えられています）。

開口一番

現代では「口を開くとすぐ、話を始めるやいなや」という意味の言葉ですが、起源は寄席用語にあります。最初に落語を披露する前座のことを「開口一番」と呼んだのです。

セコい

現代風に聞こえる言葉ですが、その起源は寄席芸人らの隠語にさかのぼります。「セコ」とは落語家同士の隠語で「悪い」「まずい」（または「大便」）ということ。そして「セコ金《きん》」とは「うるさい客」「反応の悪い客」という意味です（金＝客の意）。

ヨイショ

おだてたり、お世辞を言ったり、心にもない賛辞で相手の機嫌をとったりして、相手の心をうまく持ち上げること。それが現代における「ヨイショ」という言葉の意味です。その語源は、「物理的に重たいものを持ち上げるときの掛け声」に由来しているとされます。

落語界で、とりわけヨイショ上手だったのが、古今亭志ん駒師匠です。

彼は「野球でヨイショする」というコンセプトの草野球チーム「志ん駒ヨイショーズ」の監督としても活動していました。

また「排便後は、便にも礼を言わなきゃダメだ」という持論の持ち主でした。「志ん駒はウンコにまでゴマをするのか」と評論家の吉川潮先生を驚かせた、という逸話も残っています。

色物

「僕は〝色物枠〟なんです」

そんな自己紹介に使われるほど、現代でも一般化した言葉です。その意味は、さしずめ「正統派ではないもの」「変な方向に尖った性質を持つもの」というところでしょうか。

この「色物」という言葉は、本来寄席で使われていた用語です。

もともと寄席は、「講談席」(落語を披露する席)と「色物席」(落語以外の手品や漫才、曲芸などを披露する席)とに分かれていました。そのため、寄席の看板やポスターでは落語の演者は黒字で、その他の芸の演者は朱色で書かれるようになりました。つまり「色物」とは、「主となる演芸のいろどりとなる演芸全般」の総称だったのです。

ステテコ

薄手の生地で作られた膝下丈の下着、ステテコ。
近年ではファッション性に富んだ女性用の製品も登場し、多くの人に知られる存在となりました。その起源は、三遊亭圓遊《さんゆうていえんゆう》（三代目）が創始した「ステテコ踊り」にまでさかのぼります。「ステテコ踊り」は1880年、コレラが大流行した翌年に誕生しました。踊りの歌詞は次のようなものです。

「人のことなどかまっちゃいけない　自分のことだけせっせとおやり」
「あんよをたたいてしっかりおやりよ　そんなこっちゃ、なかなか真打ちにゃなれない、ステテコ、ステテコ」

コレラの余波で客が激減した落語界でしたが、圓遊のこの踊りのおかげで、にぎわいが戻ってきました。圓遊は本業の落語を披露する間もなく、ステテコ踊りだけで1日30軒以上の寄席を回ったと言い伝えられています。このブームがきっかけで「股引《ももひき》」が「ステテコ」と呼ばれるようになった、というのが定説です。

あごあしまくら付き

ビジネスシーンでもよく見聞きする用語です。もともとは「寄席の主催者が、演者の食事代、交通費、宿泊費を負担する」という意味で使われていました。

「あご」(=あごを使って食べることから「食事代」)、「あし」(=移動に足を使うことから「交通費」)、「まくら」(=寝るときに枕を使うことから「宿泊費」)というわけです。一方「あごあし付き」なら、「食事代と交通費だけが支給される」という意味になります。

トリ

「最後に何かを披露すること」という意味の言葉ですが、その起源は昔の寄席のシステムにさかのぼります。昔は、寄席の最後の出演者が、その日の収益を全て回収し、演者全員の取り分を決めて分配するという仕組みになっていました。

そして「ギャラの取り分を決める人」という意味から転じて、公演の最後を締めくくるベテランのことを「トリ」と言うようになったのです。

ちなみに漢字では、「主任」と書きます。文字通り「主任のような役割」を担っていることから、このような表記になり、定着したのでしょう。

NHKの『紅白歌合戦』のように、白組紅組の両方にトリがいるときは、より後に出演するほうに「大」を冠して「大トリ」と呼びます。

第3部

ビジネスマンが知っていると

一目置かれる
落語

第6章 世界の笑いと落語

国ごとに好まれるジョークは違う

いつの頃からでしょうか、人は「笑い」を求めて生きてきました。

その理由について、師匠談志(七代目)は名著『家元を笑わせろ』(DHC刊)の冒頭で「ユーモアは不幸を忘れさせる」と教えてくれています。

もちろん国や人種ごとに、好まれる「笑い」は異なります。お国柄や国民性がダイレクトに反映されるのが、「笑い」というものだからです。

談志は、若かりし頃に読んだ週刊誌の記事などから「世界の傑作ジョーク」を1012

話集め、それに「ミシュラン」のごとく座布団の数で「ランク付け」をして658ページの本にする、という偉業を成し遂げました。

そんなボリュームには到底及びませんが、私も今までの人生で記憶に残っている「各国の定番ジョーク」をご紹介したいと思います。

各国のジョークの中で一定数見られるのが「地口」（ダジャレ）を利用した笑いです。言葉や音にまつわるジョークは、その言語を理解していない場合、理解が難しいものです。また、その国の文化や歴史を扱ったジョークも、知識がないと笑うことができません。

たとえば「お前はまるで牛若丸のようだ」と言う場合、外国の方には説明が必要になります。ですから、そのような「説明が必要なジョーク」は、本書では割愛しました。

誰でも理屈抜きで「面白い」と感じてもらえそうなジョークを集めたつもりです。

世界中のジョークを見渡したとき、落語のように、人間の「弱さ」や「駄目さ」をテーマにしたものは、どこの国にも共通して存在していることがわかります。

たとえば「酒のしくじり」などの「ドジ話」の類です。

落語のように、「人間の業を描いて、それを笑い飛ばす笑い」は、やはり普遍的な〝型〟

の一つなのです。

また、身近な外国の方に「あなたの国の面白いジョークを教えて」とお願いするのもとても良いことです。

「日本の笑いを紹介しよう」と意気込むよりも、相手の懐に飛び込んで教わるほうが、より良いコミュニケーションにつながりやすいものです。

ビジネスの現場でも、「笑い」を各国の人たちとシェアできれば、一気に関係が深まることは間違いありません。それは、その場が笑いに包まれて明るくなるだけでなく、お互いを理解し合うことにつながるからです。

アメリカンジョークの3つの特徴

アメリカンジョークには、「わかりやすい」「皮肉っぽい」「タブーネタもＯＫ」という三つの特徴があります。

アメリカは「人種のるつぼ」、様々な国の人たちが集まった国です。人種はもちろん、文化的、宗教的な背景も異なります。

そのような社会構成である以上、「わかりやすい笑い」が多く見られます。

また、あからさまな「差別ネタ」も、アメリカンジョークには多く見られます。

このような笑いが生まれてくる背景には、やはり「人種のるつぼ」であることが関係しているのでしょう。有名なアメリカンジョークをいくつかご紹介しましょう。

――有名なアメリカンジョーク

【私の嫌いなもの】（※悪名高いフレーズ。その場に白人しかいない前提で話される）
「私は、人種差別と黒人が大嫌いです」

【リンカーンの年には】
父親「リンカーンが君の年のときは、暖炉の火で一生懸命に勉強していたらしい」
息子「リンカーンがお父さんの年のときは、もう大統領だったよねえ」

【ワシントンと桜の木】

先生「ジョージ・ワシントンは、父親の桜の木を切ったと正直に認めました。けれども彼のお父さんは、ワシントンを罰しませんでした。いったいなぜでしょう？」
生徒「ジョージが、斧をまだ手にしていたからです」

中国のジョークは古典由来が多い

現代の中国は、共産党による専制政治体制がとられ、言論や表現が厳しく統制されています。そのような社会で、一般の市民たちはネット上で皮肉や風刺に満ちた「小話」を披露している、とよく言われます。「笑い」が、現実社会の一種のガス抜きとして機能しているのでしょう。

そんな「生きづらさ」を感じさせる隣国、中国ですが、実は長い「笑い」の歴史を誇ります。専門用語で言うと、「滑稽本」「滑稽文学」の流れです。その代表格といえば、明の時代の末期に編纂《へんさん》された笑話集『笑府』でしょう。『笑府』は「笑い話の倉庫」という意味で、多様なジャンルの笑い話を13巻にまとめたものです。

実は、『笑府』は落語にも影響を与えたことが明らかになっています。

3章でも説明したとおり「まんじゅうこわい」は、『笑府』の原作をほぼ流用して作られたとされています。


現在の中国では、政治批判を主とした風刺の笑いが主流になっていますが、おおらかな「笑いの古典」を数多く生み出していた時期もあるのです。

――有名な中国のジョーク

【ロバを連れた親子のお話】（※古典より。詳しい出典は不詳）

農村に住む親子が、1匹のロバを連れ、街まで買い物に出かけました。

父親がロバに乗り、息子はムチを持って後ろを歩いていると、通行人のつぶやきが聞こえてきました。

「自分だけロバに乗って、子どもを歩かせるとは、ひどい父親だ！」

父親は、あわてて息子をロバに乗せ、自分は歩くことにします。

すると、別の通行人の声が耳に入りました。

「父親を歩かせて、自分だけロバに乗っているとは、親不孝な息子だ！」

父親は、自分もロバに乗ることにします。

しばらく行くと、また別の通行人にこんな言葉を投げつけられました。

「ロバに二人も乗るとは、お前たちはロバを殺す気か！」

親子は急いでロバから降り、ロバを引いて二人で歩いて行くことにしました。


その後、別の通行人に指をさされ、とうとう笑われてしまいます。

「あの二人はなんて馬鹿なんだ。せっかくロバがいるのに乗らないとは！」

これを聞いた父親は、縄を探してロバを縛り、息子と二人で街まで担いでいくことにします。しかしロバはとても重いもの。通行人たちの邪魔になるのを心配した親子は、大声で叫びながら進んでいきます。

「畜生ー！　道を開けてくれぇぇぇ！」

フランス人はエッチな話がお好き？

「フランス人は、エチケットとして女性を口説く」

「エッチなジョークを言えることこそ、教養の一つ」

このような国民性で知られているフランス人ですから、「艶笑話《えんしょうばなし》」という「笑い」のジャンルが確立しています。

文学史を紐解いてみると、そのルーツは13世紀頃に流行した「ファブリオ」というジャンルにまでさかのぼるようです。

「ファブリオ」とは、庶民が主役となる「性」にまつわるあけすけな笑い話のことです。中には権力者を笑ったり、人々の愚かさを面白く描いたりした作品もあります。本来はタブー視されているような「売春」「不倫」「聖職者の性」。また「死」や「糞尿」などについても、陽気に笑い飛ばしているところが、大きな特徴です。

「ファブリオ」の意外なところは、もともとは韻文で書かれていることです。その書き手としては、知識人が多かったとされています。

また「ファブリオ」の作品群はイタリアの作家ボッカチオの代表作『デカメロン』などの正統派の文学にも影響を与えたことがわかっています。

「ファブリオ」の作品群こそ、現代フランス人のユーモアの源泉であるのかもしれません。

このような陽気な「笑い話」が大量に生み出され、受け入れられたフランスの13世紀という時代は、社会学的に見ても「庶民にとって生きやすい時代」でした。天候もよく、農業生産が飛躍的に増え、人口も増加し、人々は安定した暮らしを営んでいたのです。

ところが、14世紀に入ると、フランスは地方文化が栄えた封建体制から、中央集権体制へと移行しました。また、ヨーロッパ全体が冷寒期に突入し、飢饉が訪れたり、ペストが流行したりと、苦しい時代へと突入していきます。当然その時期には、笑いを楽しむ余裕すらなくなり、「ファブリオ」は廃れていきます。

つまり、「エッチなジョーク」が流行している時代は「佳き時代」であり、それを楽しんでいる人は「心に余裕がある幸せな人」。そう言えるのではないでしょうか。

――有名なフランスのジョーク

【1時間】

とある女子校での話です。道徳の授業中に講師がこう話しました。

「もし誘惑に負けそうになったら、『たった1時間の快楽で一生後悔するのは割に合わない』と思いなさい」

すると一人の美しい生徒が、こう質問しました。

「1時間も持続させるだなんて、いったいどうすればいいんですか？」

【陣痛】

陣痛を迎えた妻に、亭主が優しく声をかけました。

「僕のせいで、君にこんなに苦しい思いをさせてしまうだなんて……。本当に申し訳ない」

妻はこう返します。

「気にしないで、あなたのせいじゃないわ」

【白雪姫】

美しく清らかな娘が、天国の入口にやってきました。

聖ペテロが彼女にこう尋ねます。

「お前は、処女か？」

「はい。多分そうだと思います」

「『そうだと思います』とは、いったいどういうことなんだ？　怪しいなあ。

ちょっと天使の検査を受けなさい。お前が本当に処女であれば、すぐに天国へ行ける。でも、処女だという証拠が必要になる」

天使が娘の体を調べ、聖ペテロに報告します。

「確かに彼女は、処女といえば処女なんです。でも、ちょっとおかしなことがありまして。針で突いたような小さい穴が7つも開いているんです」

聖ペテロは驚きます。

「なんだって、針で突いたような穴が7つも? でも、それだけで地獄に送り込むわけにもいかないしなあ。これ娘、お前の名前は何と言うんだ?」

娘は静かに答えます。

「私の名前は、白雪姫です」

落語に人殺しは出てこない

ここまでアメリカ、中国、フランスの笑いについて話してきましたが、日本の伝統芸能

「落語」には他人を罵ったり蔑んだりする表現は出てきません。そしてもう一つ、落語には大きな特徴があります。

「人を殺す」というシーンや、描写が出てこないのです。

もちろん「死」にまつわる噺はいくつかあります。登場人物が病死したり、お葬式の相談をしたり、復讐を企てたり……。しかし、リアルタイムで登場人物が「人を殺す」というシーンは、めったにありません。

「宿屋の仇討」[※4]という、いかにも仇討に成功しそうな題名の噺も有名ですが、最後にドンデン返しがあり、噺の中で誰かが殺されることはありません。それどころか、むしろ喜劇っぽいオチになっています。

一方、海外の笑いの中には「人を殺す」というシーンは決して珍しくありません。また社会主義の国のジョークにおいては、「人を殺す」描写は、むしろ多い印象さえあります。

この点については、談志もよく指摘をしていました。

「俺は、落語は人を殺さねえから好きだ」

また、談志は映画界の鬼才・北野武監督を高く評価しながらも、一方で「映画はなぜあんなに人を殺すのか」と不思議がってもいました。

やはり、落語とは「皆でニコニコ笑って楽しめる」という最大公約数的なところを理想とした芸能なのでしょう。もっとも、その傾向が極端になると、全体主義的になり、「互いの顔色をうかがい合う」という弊害が出てくるかもしれませんが……。

しかし「人を殺す」ことを是としない落語の姿勢は、素晴らしいものです。やはり、落語は世界に誇れる日本の文化だと言えるでしょう。

「飢え」と「寒さ」が落語のベース

また談志は「飢えと寒さが落語のベースである」とも看破しました。

江戸時代の資料を見ると、庶民層は「空腹と寒さ」によく悩まされていたようです。

だからこそ「寒いね」「ええ、寒いですね」と相手に共感し、寄り添い合うという行為で不快感を緩和していたのです。想像してみるとよくわかりますが、一人でブルブル震えているよりも、誰かに「寒いね」と言って、「そうだね、寒いね」と返してもらったほうが、寒さが少し和らぐものですよね。

ですから現代でも、日本人は「共感できる要素」のある笑いを好みます。

そんな気質が「人殺し」のような残酷なシーンや、ブラックな笑い、シニカルな笑いを無意識のうちに遠ざけるようになったのでしょう。

そういった意味では、バラエティ番組で多く見られる「いじめ」「弱者差別」のような笑いのネタは、落語とは全く異なる流れから生まれたもの、という気がしてなりません。なぜなら、落語には「人殺し」どころか「いじめ」を描いたシーンも一つもないからです。

今の日本には、様々な「笑い」が溢れています。

時折立ち止まって、「その笑いに〝品〟があるかどうか」を考えてみてください。

差別をしたり、相手をこきおろしたり、おとしめたり、一方的に傷つけたりといった笑いが、本当に心を豊かにしてくれるものでしょうか。

「人として共感できるかどうか」という指標で判断するのも、笑いの価値を測る一つの方法です。

第7章

これを知っていればあなたも落語通！使える落語

言えると一目置かれる「芝浜だけに」の意味

談志以降、「枕」に時事ネタが盛り込まれることが当たり前のようになりました。逆に日常会話で、時事ネタと絡めて落語などの伝統や文化の話をすると、「教養のある人」という印象を与えることができます。

日常会話に絡めやすい落語の噺の代表格が、夫婦愛を描いた人情噺の傑作「芝浜」でしょう。

実際にこの「芝浜」が教養のある人たちの共通言語として語られた瞬間を目の当たりにしたことがあります。それは、2020年に開業する東京の山手線の新駅が「高輪ゲートウェイ駅」に決まったときのことです。この山手線の新駅の名前を公募で決めることが２０１８年の６月に発表されました。

そこでネット上では様々な予想がなされましたが、開業予定地が芝浦であったこともあり、日本の伝統芸能である落語の代表演目である「芝浜」がいいのではないか、と予想する人が多数いました。ウェブ上での投票数でも「芝浜駅」は３位でした。

しかし皆さんもご存じの通り、結果は「高輪ゲートウェイ駅」。

そこでツイッターをはじめネット上ではこんな投稿が目立ちました。


「夢になっちゃったね。芝浜だけに」


芝浜は、３章でも紹介した通り、大金を拾った亭主に対して、女房は「夢でも見たんじゃないの？」と一芝居打ち、亭主を改心させ、酒浸りの生活から更生させるという噺です（この話の中で、女房は亭主に「大金を拾った」という事実を隠していただけではありません。拾ったお金をきちんと奉行所に届けていました。そして後に「落とし主の現れなかった遺失物は拾い主のもとへ」というルールのおかげで、そのお金を自分たちのものとして受け取ったのです）。

この噺の名文句といえば、オチのフレーズでしょう。

大金を拾った3年後、商売で成功をおさめ、お金を受け取った記念として「久しぶりに酒を飲もう」と誘う女房に亭主はこう返します。

「よそう。また夢になるといけねえ」


「芝浜」という落語は「夢オチ」をうまく使いこなした噺なのです。

「夢になっちゃったね。芝浜だけに」と投稿した人たちは落語に関心を持ち「芝浜」の内容を理解しています。落語が教養のある人たちによって共通言語として使われていたのです。

私は、「高輪ゲートウェイ駅」が発表になる前に、ツイッターで以下のような投稿をしました。この投稿は芝浜のオチのフレーズを知らないと理解できないようになっていますが、いつも以上に反響があり、「芝浜」とオチのフレーズの認知度の高さには驚きました。

ツイート

立川談慶（重版ほぼ100%）
@dankeitatekawa

新駅「芝浜」に決定したらと以前こちらでもツイートしたが、キヨスクで革財布を売る、駅の時計はあえて時間を間違えて刻む、駅前には魚勝夫婦の銅像、圓朝を始め三木助、談志などなど歴代「芝浜」名演の落語家像などなどと夢が広がると予想。いや「予想、また夢になるといけねえ」。

22:09 · 2018/06/05 · Twitter for iPhone

1008件のリツイート 1614件のいいね

「芝浜」のオチを理解していれば、幸運なことが起こって「もしかして、夢だったりしてね」などと話をするとき、「芝浜みたいですね」と合いの手を入れることができるのです。

不倫ネタは落語の世界でもたくさん存在する

昨今、ドラマ『昼顔』が人気になったり、ワイドショーを度々にぎわせたりしている「不倫」は古今東西、存在してきたようです。

現在「不倫」と呼ばれている行為は、江戸時代には「不義密通」と呼ばれていました。特に妻が不倫をすれば、その夫にとっても、家にとっても、相当な不名誉とされていました。そのため、あえて表沙汰にはせず、今でいう「示談」で済ませたケースも珍しくなかったようです。

また、江戸時代の不倫に対する罰則は、大変厳しいものだったという記録が残っています。とはいえ「実際のところは意外と自由奔放だった」と指摘する専門家もいます。

「大家の旦那のお妾《めかけ》さん、芸人の愛人などは普通で、いないほうがおかしいぐらいの風潮だった」という説もあります。

落語の世界でも、「不倫」という題材を扱った作品は数多く存在します。しかし現代のように、「不倫＝悪」と真正面から糾弾するような噺は、あまり見当たりません。

現代の倫理とは違うかもしれませんが、現代語の「不倫」につきまとうような後ろ暗さを感じる噺は少なく、むしろ「不倫の失敗談」が圧倒的に多いのです。

「不倫がうまくいかなかった」「不倫をした事実が実は周囲にバレていた」という具合で、要は「ドジ話」が主流なのです。

「そうはいっても不倫はいけないだろう！」と正論を振りかざしたくなるのではなく、「まったく、バカだねぇ」と感情移入できる噺が多い。そんなところが「落語」という芸能のおおらかさ、寛容さを象徴しています。

「権助魚」という噺をご紹介しましょう。

――権助魚

旦那が妾《めかけ》（愛人）の家に行くと思った女房は、使用人の権助に旦那の供をさせ、行き先を確かめるようにと1円の小遣いを渡します。

「帰りは遅くなる。泊まりになるかもしれない」という旦那に、女房は強引に権助を付けて送り出します。

「妾の家に行くのだ」とわかっている権助が旦那をいじりだすと、旦那は2円を渡し、言い含めます。

「知り合いに会ったので柳橋の料亭へ行って、天気がいいから隅田川の船宿から船を出して、網打ちをしたということにしてほしい。網取り魚（投網《とあみ》で獲った魚のこと）を持ち帰って、女房に見せて、旦那は湯河原に行ったことにしろ」

2円で旦那に寝返った権助は、魚屋に向かいます。

「網取り魚をくだせえ」

魚屋にそう頼むと、「うちの魚はどれも網で獲れたもんだよ」と返されてしまいます。そこで権助は、店先の魚を片っ端から買いますが、隅田川では獲れない魚ばかり。ニシン、スケソウダラ、タコ、そしてカマボコ……！

早々に家に戻った権助は、女房に責められ、買ってきた網取り魚を見せて説明を試みますが、女房はあきれ返ります。

「この魚は、関東一円じゃ獲れないものなの！」

「いや、1円じゃごぜえません。旦那から2円もらって頼まれた」

この落語のキーパーソン「権助」は、落語によく出てくる人物で「典型的な田舎者」として描かれています（65ページ）。パワフルで傍若無人で気が利かないキャラクターが、旦那の不倫のアリバイ工作に加担させられるという時点で湿っぽい話ではなく「喜劇」になることは確定しています。

もちろん、実生活で「リアル権助」のような言動をとると、信頼関係を失ったり、トラブルを起こしたり、失うものは多くなることでしょう。ただ、権助が出てくる話は「笑える展開」のものがほとんどです。

現代では不倫は悪事とされていますが、あくまで「知的な愉しみ」として権助が出てくる落語に接し、魂だけでも遊ばせてみてください。

もう一つ、「紙入れ」という「艶笑落語」（お色気噺）もおすすめです（戦時中は「禁演落語」に指定された噺です）。

小間物屋（くしやかんざしなどの婦人の装飾品、日用品などを扱う商店）で働く新吉が、得意先の商家の新造（他人の妻の敬称）から、「今夜は旦那が帰らないから遊びに来てほしい」と手紙をもらいます。

新吉は迷います。自分を贔屓にしてくれ、世話をしてくれている旦那には悪い気もしましたが、迷った末に出かけて行きます。新造は新吉に酒を勧め、「今日は泊まってくれ」と言います。

断る新吉に、新造は「どうしても帰ると言うなら、留守の間に新吉が言い寄ってきたと旦那に告げ口をする」と脅します。

困ってがぶ飲みし、悪酔した新吉は隣の間に敷いてある布団に入ります。直後に、長襦袢《ながじゅばん》（和服の下着）姿になった新造も布団へ入って来ました。

そのとき、表の戸を叩く音がします。何と帰らぬはずの旦那が帰って来たのです。パニックに陥った新吉を尻目に、新造は落ち着いて新吉を裏口から逃がします。

家に駆け戻った新吉は、新造の元に紙入れ（財布）を忘れたことに気付きます。それは旦那にも見せたことがある紙入れで、中には新造からもらった手紙が入っていました。旦那に不倫がバレたのではないかと、新吉はまんじりともせず夜を明かします。

翌朝、新吉は恐る恐る旦那の家に出かけます。新吉の浮かぬ顔を見て、旦那は理由を尋ねます。

そこで「他人の女房とデキた」と知り、諭し始めます。

新吉は、不倫の相手が、当の旦那の新造である点を隠しつつ、これまでの顛末を洗いざらい打ち明けます。

「手紙のはさんである紙入れを忘れたんですが、そこの旦那に見つかったかもしれないんです……」

そこへ新造が現れます。

「おはよう新さん、気が小さいのねえ。それは大丈夫と思うわ。だって旦那の留守に若い人を引っ張り込んで楽しもうとするくらいだから、抜かりはないはずでしょう。新さんを逃がした後、不倫の証拠になりそうなものはきちんと確認して、紙入れがあれば旦那にわからないようにしまってありますよ」

旦那も同意します。

「そりゃあそうだ。よしんば紙入れが見つかったところで、自分の女房を取られるような男だ。そこまでは気がつかねえだろう」

（※次のように落とす落語家もいます）

新造が「その間抜けな旦那の顔を見たいものだわ」と言うと、旦那が顔を突き出します。

「おおかた、こんな顔じゃねえのか」

現代風に言うと「不倫相手を自宅に招いて、配偶者にバレた」というストーリーです。「若いセールスマンと、取引先の妻がデキてしまった」という噺です。

今も昔も、世間からなかなかなくならない不倫。

「欲望に負けることもあるのが人間だ」という真理を、これらの噺はおおらかに教えてくれます。

落語に出てくるコミュニケーション最強男

楽しく幸せに生き抜くために、コミュニケーション能力は欠かせません。ビジネスで言えば「コミュニケーション能力」が高い人ほど仕事ができると言っても過言ではないでしょう。それは、江戸時代から現代に至るまで、変わらない真理です。

落語には「居残り佐平次」という噺があり、主人公の「佐平次」は〝世渡り上手〟として認知され、多くのファンに愛されてきました。

つまり、佐平次はコミュニケーション能力が非常に高い男なのですが、全く嫌味ではなく、それどころか憎めない愛嬌があって、「自分もこんなふうに生きられたらいいなぁ」という共感を誘うのです。

「佐平次」は川島雄三監督がメガホンをとった映画『幕末太陽傳』の主人公としても描かれています（名コメディアン・フランキー堺が演じました）。

佐平次とは、どんな男なのか。「居残り佐平次」のあらすじをご紹介しましょう。

――居残り佐平次

「品川宿にある遊郭で遊ぼう」

とある貧乏長屋の住人、佐平次が言い出して、仲間とともに繰り出します。

さんざん遊んで飲み食いした後で、「俺は肺病病みだからここでしばらく療養する」と言い、一緒に来た仲間を帰します。

その後、勘定の催促を、のらりくらりとかわし、店の人間に無一文を咎められると、自ら「居残る」と居直り、布団部屋で生活をし始めます。

ここからが、佐平次の本領発揮です。

店内での客同士のもめごとなどが発生すると、気配りと弁が立つという持ち前のコミュニケーション能力を発揮し見事にそのいざこざを解決してしまいます。おまけに踊りや唄などをやらせると玄人はだしで、お客からは人気上々。しまいには「居残りはいないのか」と言われる始末で、幇間や店の若い衆のお株を完全に奪ってしまいます。

業を煮やした若い衆らは、「勘定を不問として佐平次を追い出してほしい」と店の主に掛け合います。店の主も手を焼いて、「ご苦労賃」などと金を包ませて佐平次を帰らせることにします。


（※以下は立川談志のオチです）

「じゃあ、いいか。表からきちんと帰すんだ」

「冗談じゃないですよ。あんなの裏から帰せばいいんですよ」

「いや、あんなのにウラを返されたらたまったもんじゃない」

（※「ウラを返す、ウラが返る」＝「またもう一度やってくる」という意味の吉原の隠語とひっか

けた見事なオチになっています）

佐平次は、「居残り」などという実際にはあり得ない仕事を作り出しました。「無」から「有」を見事に生じさせてしまっています。

「居残り」と自ら居直った結果、「居場所」を見つけてしまうのですから、非常にしたたかな生き方です。

芸人の世界では「図々しいヤツ」を別名「佐平次」と呼び習わしますが、それはこの落語が由来になっています。

よく考えてみると、「弁が立つ」「お調子者である」「気配りができる」というコミュニケーションの根底にあるのは、佐平次のような「図々しさ」ではないでしょうか。痛快な人間はみなおしなべて「図々しい」ものです。映画やドラマやアニメの主役は「図々しい」キャラがほとんどです。

フーテンの寅さん、『こち亀』（『こちら葛飾区亀有公園前派出所』）の両津勘吉、『サザエさん』など、枚挙にいとまがありません。

しかし、佐平次含め、彼らはみな図々しさを武器に「めんどうくさい難局」を乗り越えてしまうのですから、たくましい「トラブルシューター」とも言えるのです。

私たちも、遠慮しすぎることはありません。もう少しおおらかに構えて、「図々しく」、周囲とうまくつながりながら生きてもよいのではないでしょうか。

部下ができたら知っておきたい「百年目」

部下を叱りたくなったり、小言を言いたくなったりしたとき、感情に任せて話をするのではなく、一呼吸おいて、ぜひ思い出してほしいのがこの「百年目」です。

何でも「パワハラ認定」されがちなこのご時世、アンガーマネジメント（怒りをコントロールする心理術）という意味でも、すぐに役立つ作品の一つです。

「百年目」は、三遊亭圓生（六代目）という昭和の大名人が磨き上げた人情噺です。テーマはズバリ「許し」です。

——百年目

一生懸命、大店《おおだな》（規模の大きな商店）の旦那に尽くし、「堅物一辺倒」と思われていた治兵衛という番頭がいました。

しかし、治兵衛の素顔は〝超遊び人〟だったのです。そのことが花見の席で旦那に知られたとわかり、番頭は一気に落ち込みます。

「積み上げてきた信用が崩れ去ってしまった。せっかく来年は店を持てると思っていたのに、旦那に遊び人の印象を与えてしまうなんて、俺はもうだめだ」

そう思って一睡もできなかった翌日、旦那が治兵衛を呼び寄せます。

旦那は開口一番、こう声をかけます。

「治兵衛さん、ゆんべ、眠れましたか？」

このセリフを聞いた治兵衛は、号泣します。「旦那に怒られる。もう来年はだめだ」と思っていた不安が、旦那の言葉で一気に和らいだのです。

旦那は続けます。

「お前さんはよくやっている。辛抱して頑張ってくれている。来年は必ず店を持たせるからな。それから、あんなに遊んでいるお前さんだから、大きな穴をこしらえているに違いないと思って、元帳を見てみたんだ。すると一切の抜かりがなかったんだ。よく辛抱してくれた。お前さんは立派な男だ」

最後に、旦那は治兵衛にこう尋ねます。

「昨日会ったとき、のべつ顔を突き合わしているはずなのに、なぜご無沙汰してますと言ったんだい？」

「あんな無様な姿でお会いしたもんですから、ここで会ったが〝百年目〟（運の尽き）と思いました」


この「百年目」から学べるのが「ターニングポイント」（切り替えのセリフ）の重要性です。切り替えのセリフは、ここでいうと「治兵衛さん、ゆんべ、眠れましたか？」という１フレーズです。

現代のように効率第一の世の中では、突然結論を言って、「お前はこうだ」と決めつけるような形で相手を追い込んでしまうことは珍しくありません。しかし、この旦那は違います。最も伝えたいメッセージを発信する前に、「ゆんべ、眠れましたか？」と、まず番頭さんをねぎらうのです。

このセリフのおかげで、「旦那に怒られる。もう来年はだめだ」と思っていた番頭の心の澱《おり》が消え去り、号泣したというわけです。

ここまで人の心に通じているとは、この旦那は相当の苦労人でしょう。

このような上司や経営者が一人でも増えてくれたら、と願わずにはおられません。

仕事に行きづまったときにおすすめ「ねずみ穴」

「ねずみ穴」は、現代で言うところのベンチャービジネスを描いた作品です。

主人公を一言で形容すると、さしずめ「資金繰りに悩む若き創業者」というところでしょうか。

故郷から出てきて都会で頑張っている人、自分の夢をあきらめずに追いかけ続けている人、そして、成功と幸せを目指す全ての人に寄り添い、勇気づけてくれる落語です。

――ねずみ穴

田舎で暮らす主人公である弟には、立派な兄がいました。兄は先に田舎から江戸に出て大成し、いっぱしの商人になっています。

弟は、田舎で全ての財を失い、尾羽打ち枯らす（落ちぶれてみすぼらしい姿になること）ようになりますが、兄を頼って江戸に出て、「よかったらここで勤めさせてくれ」と泣きつきます。

兄貴はこう諭します。

「お前、そんなことを言うな、うちで商売するよりも、商いの元手を俺が貸してやるから、江戸で商売をやってみろよ」

「ありがとう、兄貴。それは渡りに船だ。俺は商売をやるよ」

弟は喜び、兄から包みを渡されて表に出ます。

「よかった、よかった、よしこの金で飲もうか」

さっそく包みを開けた弟は、仰天します。包みの中には、なんと3文しか入っていなかったのです。（現在の通貨価値では10〜20円ほど）

「ふざけるな！」

弟は一旦憤慨しますが、すぐに思い直します。

「確かに今の俺には、この3文という銭がふさわしいかもしれない。ここから始めればいいんだ。よし、兄を見返してやろう」

このように兄貴への怒りを前向きなエネルギーに変換した弟は、10年後、立派な商人へと成長します。

10年後の風の強い日、弟は兄貴にお金を返しに行きます。

そして「俺は、兄とは絶縁する」と、借りたお金をたたきつけたのです。

ところが、兄はこう諭します。

「お前、そこに座れ。あのときにお前に3文しかやらなかった理由がわかるか。あのときのお前には、おそらくいくら貸してやっても駄目だったはずだ。当時のお前は荒《すさ》んでいた。もし、いくらか金が入ったら、またこの金で酒を飲もう、吉原に行こうとしていたに違いない。そうにらんだから、あえて3文しか渡さなかったんだ。

それが悔しくて、1文でも増やしてまた来てくれたら、そのときに改めて相談に乗り、大金を貸すつもりだった。でも、お前は来なかった。偉いな、お前は。辛抱したな。お前が頑張っている姿をずっと後ろから見ていたよ」

それを聞いた弟は兄の気持ちにようやく気づきます。

「ああ、そうか。俺は兄貴を恨む気持ちだけでここに来たけれども、兄はおおらかな目で俺を見ていてくれたんだ」

そして兄弟は打ち解けます。


この「ねずみ穴」は、いわゆるサクセスストーリーです。

しかし、「恵まれた環境に生まれた人間が、ラクに成功をつかむ」という筋立てではなく、「どちらかというと〝ダメな人間〟が、長い年月をかけて、マイナスの感情をモチベーションにして最後にようやく成功する」という、現実味の濃い物語になっています。このリアルさに、慰められる人は多いはずです。

近年はベンチャービジネスに加えて、副業解禁の波が進むなど、個人の力量で世の中に打って出るというシーンが増えてきました。「トントン拍子にはいかないなあ」というフラストレーションに悩まされるときもあるかもしれません。

そんなときにこそ、「ねずみ穴」の主人公のことを思い出して、気持ちを鼓舞してみてください。そして、もし仕事がうまくいかずに落ち込んでいる人がいれば、「ここから始めればいい」と優しく声をかけてあげるといいでしょう。

仕事のヒントをもらえる「はてなの茶碗」

「実質的には価値が高くない商品」に、付加価値が付けられ、ものが売れたり、価格が高騰したりしていく。

そんな流れは、現代でもよく見られます。

時には、商品にインチキな要素が含まれていても、買い手が納得しさえすれば、売買は成立してしまうもの。そんな〝自由主義経済〟を逆手にとって一儲けを企てる商魂たくましいビジネスパーソンは、実は江戸の昔から存在したのです。

もちろん「誇大広告」や「詐欺」はいけませんが、どうすれば「商品」(もしくは自分自身)の価値を高めることができるのか、高く見せることができるのか、と考えるヒントを与えてくれる名作「はてなの茶碗」をご紹介しましょう。

――はてなの茶碗

わけあって、京で商いをしていた油屋の男がいました。

「何かうまい儲け話はないものか」と茶屋でくつろいでいると、そこに名の通った茶道具屋の金兵衛、通称「茶金」が通りかかります。金兵衛は、茶碗の一つを手に取り「はてな？」と首を傾げ、また茶碗を置いて店を出ていきました。

油屋は、それを見て「あの茶碗にはさぞ価値があるのだろう」と誤解し、その茶碗を2両で買い取ります。

そして、厚かましくも茶道具屋を訪ね、金兵衛に件《くだん》の茶碗を売り込もうとします。

すると、番頭が出てきて、油屋の男にこう言い放ちます。

「こんな茶碗、全く値打ちがないから、大金どころか一銭にもならん」

腹を立てた油屋と番頭が言い合いをしていると、そこに金兵衛が現れ、こう説明します。

「番頭の言う通り、大した値打ちものではござらん。ただ、どこにもひび割れしてないのに水が漏るので『はてな？』と思ったが、それがどうかしたかね？」

茶碗を売りつけることで一儲けを企んでいた油屋は落胆し、泣き言を言います。

「私は親から勘当されて大阪から京都に出て油屋をしている男です。そろそろ親元に帰りたいが、せめて一山稼いで孝行したかったんです」

金兵衛は心を動かされ、「それなら」と茶碗を買うつもりで3両を渡します。油屋の男は、3両を受け取り、ばつが悪くなってそのまま立ち去ります。

しばらくして、金兵衛の元に公家の鷹司家《たかつかさけ》が現れます。金兵衛が茶碗の一件を話すと、鷹司家は面白がり、茶碗に興味を示します。そして、料紙（書くのに用いる紙）に一首したためます。

「清水の　音羽の滝の音してや　茶碗もひびに　森の下露」

すると噂が噂を呼び、遂には時の帝（天皇）の耳にまで届き、金兵衛は茶碗を帝の元へ持参することになります。

帝も、水が不思議と漏る茶碗を面白がり、箱の蓋に万葉仮名で「波天奈《はてな》」と揮毫《きごう》（毛筆で書くこと）をします。

つまり、安物で何の変哲もない茶碗が、「公家の料紙に、帝の揮毫付き」という、とてつもない値打ち物となってしまったのです。

さらには、時の大富豪、鴻池善右衛門までもがその茶碗を欲しがり、1000両で売れてしまったのです。

金兵衛は、最初に茶碗をもってきてくれた茶道具屋に恩返しがしたいと、彼を待ち続けます。

最終的に、丁稚《でっち》を遣わして油屋を探し、彼を呼び寄せます。

油屋は借りたつもりの3両をまだ返せなかったので、茶道具屋をわざと避けていたのです。

金兵衛は笑って油屋の男にこう告げます。

「あの茶碗はこの通り1000両で売れた。お前さんに半分の500両やろう」

油屋は500両から昔借りた3両を差し引いた額の「497両」を受け取り、喜んで去っていきます。

その後、金兵衛はばったり油屋と遭遇します。油屋は、商いや仕事をしているようにも見えず、変な器を提げているだけ。
「あんたは何をしているんだい？」と尋ねた金兵衛に、油屋はこう答えます。
「金兵衛さん、今度は10万８０００両の金儲けができるでえ。今度は水が漏る壺見つけてきたんや」

なぜ、オチの金額が「10万８０００両」なのでしょうか。

諸説ありますが、「１０８あるとされる人間の煩悩の数に掛けている」という説が有力です。「水が漏る壺」で、果たして２匹目のドジョウを狙えるのか。その後の展開はわかりませんが、付加価値を付けることの大切さを、この噺は教えてくれています。

ブランディング力を学べる「猫の皿」

企業や起業家、ビジネスパーソンはもちろん、個人レベルに至るまで、「自分の〝見せ方〟」を問われる時代になってきました。本屋のビジネス書コーナーには、「プレゼン力」「セルフプロデュース力」「ブランディング力」などの「見せ方本」が多く目につきます。

もちろん、広告やCM、SNS上の投稿など「仕掛けられたもの」が、その人（組織）の全価値を決めるというわけでは決してありません。

しかしどうすれば「購買につなげることができるのか」「相手をファンにできるのか」、ひいては「人の心を動かすことができるのか」ということを考える訓練を重ねることは、心豊かに生きていく上で決して無駄にはならないはずです。

「見せ方」を鮮やかに教えてくれる噺の代表格が「猫の皿」（猫の茶碗）です。

現代のマーケティング手法にも、ダイレクトに通じる部分があるので、参考にしてみてください。

猫の皿

ずるがしこい古美術商が、地方の茶店で超高級な皿が猫の餌用の皿として使われているのを見つけます。

古美術商は店主を騙して、皿を安く買い叩こうと試みます。

「このかわいらしい猫が気に入ったから、2両で引き取らせてほしい」

茶店の店主は了解します。そこで、古美術商は畳みかけます。

「皿が違うと、猫も餌が食いにくいだろうから、その皿も譲ってくれないか？」

すると、予想に反して店主は申し出を断ります。

「この皿は高級な柿右衛門の皿だから、とても譲れません」

店主が皿の価値を知った上で猫の餌用に使っていたと知り、古美術商は驚きます。

「そんなに値が張る皿を、なぜわざわざ猫の餌用にしているんだい」

店主は、答えます。

「こうしていると、時々猫が2両で売れますんで」

「高級な茶碗と猫をあえて組み合わせ、買い手の心に訴求する」

いささかトリッキーな手法に思えなくもありませんが、店主の独創的な発想には、現代人の私たちも舌を巻くばかりです。ここまで「買い手目線」に立つことができれば、どんなビジネスに携わるにしても、きっとうまくいくはずです。

Column 3

YouTubeで名人のネタをきく

今は「YouTube」（ユーチューブ）で、往年の名人芸を鑑賞できる、素晴らしい時代となりました。

昔は、落語を「ライブ以外」で楽しもうと思ったら、LPやカセットテープ、CDなどの音源を耳から「聴く」しかありませんでした（もちろん、それはそれで「想像力を鍛えられる」というメリットがありますが……）。ぜひ動画で、落語の至芸に触れてみてください。

「聴く」だけでなく、落語家の姿を「見る」ことで、わかることは多数あります。たとえば落語家の「フラ」です。

「フラ」とは「舞台に出てくるだけでおかしさがただよう」という落語家の華のようなものを指します。フラがある落語家の代表格といえば、落語界初の人間国宝となった柳家小さん師匠（五代目）でしょう。

また、立川談志がお辞儀する姿の美しさも、映像を見るとよくわかります。「あの談志が」と意外に思われることでしょうが、高座に上がった直後と、演じ終えたあとのお辞儀が、素晴らしいほど丁寧なのです。「この丁寧さが、彼の毒舌を許しているのだろう」とさえ、思えてくるほどです。

おすすめしたい見方は「リピート再生」という機能を使って、同じ動画を流しっぱなしにすることです。

最初の1回目は、じっくり視聴する。そして2回目以降は、「ながら」でよいので耳から何度もきく。この繰り返しで、「落語脳」の回路ができて、どんな噺を聞いても、その世界にスムーズに入っていけるようになります。

家事をしながら、簡単なデスクワークをしながら、はたまたスポーツジムで運動をしながら「落語を流しっぱなしにする」。そんなスタイルがおすすめです。

もしくは、眠る前に流しっぱなしにするのもよいでしょう。寄席に出かけた時のように、「集中して芸を鑑賞しなければ」と気負う必要はありません。

では実際に、「視聴する落語」をどのように選べばよいのでしょうか。
選び方は二つあります。
一つ目は「落語家」から選ぶという方法です。
次の落語家と、その十八番《おはこ》（代表作）をきけば、落語脳が自然にできます。

YouTubeで絶対に観るべき3人

◆立川談志（七代目）……「粗忽長屋」（面白さナンバーワン！）「芝浜」（談志が描写を変えて毎年のように公演してきた不朽の名作）「らくだ」「ねずみ穴」
◆古今亭志ん朝（三代目）……「お見立て」「愛宕山《あたごやま》」「船徳《ふなとく》」
◆桂米朝（三代目）……「百年目」（「桂米朝百年目」）
※米朝師匠の動画は全て傑作です！

また、私の修業時代は、次の名人たちを（LPなりCDなりで）とにかくきくよう談志に言われたものです。YouTubeで見かけたら、ぜひ再生してみてください。

（古い時代の落語家は、画像が残っていない場合もあります。しかし、「音声のみ」の動画がアップされることも多いので、こまめに検索してみましょう）

一度はききたい落語界若手四天王（東京の寄席四天王）と称された落語家たち

◆立川談志（七代目）
◆古今亭志ん朝（三代目）
◆三遊亭圓楽（五代目）
◆橘《たちばな》家圓蔵《やえんぞう》（八代目）
※圓蔵ではなく春風亭柳朝（五代目）が入ることもある。

その他の偉大な名人たち

◆桂文楽（八代目）
◆桂三木助（三代目）
◆柳家小さん（五代目）

◆三遊亭圓生(六代目)
◆三遊亭金馬(三代目)

二つ目は、「演目」から選ぶという方法です。

たとえば「寿限無」という演目で検索をかければ、大量の動画が出てきます。その中から、知っている落語家を選べばよいのです。たとえば「志の輔さんの『寿限無』をきいてみよう」といった具合です。


また、落語に関する動画は膨大にアップされています。どれを選べばよいのか迷ったら「アクセス数が多いもの」(=人気が高いもの)から視聴してみてください。

全く馴染みがない落語家や噺であっても、きいているうちに「あっ!」という発見をしたり、「この落語家さん(噺)が好きだ」と感じたりする瞬間があるはずです。

YouTubeは、自分の「好き」を発見できる、とてもありがたい装置なのです。

おわりに

本書は、落語の知識をざっと身につけることで、教養人の仲間入りができるように書きました。知っておきたい落語の知識に加え、落語に関連する日本の文化や伝統芸能も学べるようになっています。

落語とはもともと、庶民に一番身近な娯楽でした。教科書に出てくる歴史上の偉人や事件より、もっともっとわかりやすくて、エキサイティングなものだったのです。

「江戸の情景が浮かんでくるねえ」と、落語を表面的に楽しんでいただくのではなく、より掘り下げたところまでお伝えできたと自負しています。

たとえば、「落語の笑い」の本質についてです。

「落語の笑い」とは、「日本人が叡智をかけて積み上げてきた、国民共通の笑い」であります。誰にもぴったりハマる笑いだからこそ、江戸時代以降、約４００年間も日本人を楽しませてきました。人々は、笑いながら、「ああ、こういうことをすると人は失敗するんだな」とか、逆に「なるほど、そんな上手い物言いだと怒られないんだな」という処世術を身につけてきました。

落語には、ギスギスした話はありません。勝ち負けもありません。多くの落語は「上手に負ける」あるいは「結局引き分け、どっちもどっちだよ」という話がほとんどです。そこに生きている人々は、決して不真面目というわけではありませんが、息が詰まるような真面目さの中にもいません。互いに小さな迷惑を「シェア」し合いながら、皆がやんわりと幸せに生きています。

当時の江戸は、世界最大の人口を有した町ですが、そのエリアは今の東京二十三区と一致するわけではありません。皇居を中心とした狭い枠の中に、八百八町もの入り組んだ都市空間を構成し、そこにほぼ100万人もの人口を抱えていました。

「九尺二間」という最小の住まいの単位に、町人たちは主として住んでいましたが、メートル法に直すと、間口が約2・7メートル、奥行きが約3・6メートルという現在のほぼ六畳一間であります。そんな狭い空間にひしめき合っていたのに、300年近くもの間、暴動らしい暴動が起きなかったのは、「避け方」「逃げ方」「かわし方」が徹底していたのではと思えてなりません。

覗こうと思えば覗けるけれど、あえて見ない「見て見ぬふり」をしたり、薄っぺらい長屋の壁から漏れてくる会話も聞こえているけれど「聞こえないふり」をしたり……。

人々が落語を通じて、生活マナーや諸々を学んだのだろうという仮説は、あながち間違ってはいないでしょう。


意外なことに、それほどの〝大国〟でありながら、当時の江戸は〝ゼロ成長〟であったそうです。享保から開国までの約１３０年間は、石高・人口がともに横ばい状態だったという資料が残っています。

かくも長期にわたって「ゼロ成長体験」を持ったという例は、他国にはないそうです。我々の先輩方は、すでに「ゼロもしくは低成長」を予見どころか、経験していたのです。この点に、私は江戸時代と現代との相似性を感じています。

人口問題やエネルギー問題から、環境問題に至るまで、世界中で直面している様々な難問の中、現在の日本が豊かな精神生活を保つためには、江戸文化や、落語の笑いに学ぶべきではないでしょうか。

江戸時代から400年もの間、日本人を笑わせてきた落語は、巨大な地下資源であり〝知性の塊〟だといえます。もちろん新しい技術を吸収することは大切です。けれども過去に立ち返り、江戸を再認識すること。それが今の私たちの急務なのではないでしょうか。

落語はそれを実現させる、手軽で便利なツールとなってくれるはずです。

2019年12月　立川談慶

注釈

※1 たらちね（p25）

前座噺として有名な作品の一つ。人は良いのだが貧乏で結婚の出来ない八五郎に、長屋の大家さんが願ってもない縁談を持ち込んできます。相手は20歳で美人。財産もある。難点は言葉遣いが丁寧すぎるということ。そんなことならと、八五郎は快諾する。改めて、花嫁に名前を聞くと、「わが母三十三歳の折、ある夜丹頂の鶴を夢に見て、わらわを孕《はら》めるがゆえ垂乳根《たらちね》の胎内をいでし時は鶴女《つるじょ》と申せしがそれは幼女、成長の後、清女《きよじょ》と申しはべるなり」「長い名前だな、明日にも短くして呼び名を決めよう」

垂乳根とは、母親のこと。

※2 明烏（p159）

上品な廓話。戦後は、桂文楽（八代目）以外はやり手がいないほど、彼の十八番として知られています。

日向屋の若旦那・時次郎。そのあまりの堅物ぶりを心配した父親は、遊び人の源兵衛と太助に、時次郎を吉原へ連れていくよう頼みます。仕方なく廓を訪れる時次郎。だがそのうぶさゆえ、美しい花魁《おいらん》に気に入られ、一夜を過ごすことに……。遊女に振られた源兵衛と太助が、翌朝に甘納豆をヤケ食いするシーンが有名。

※3 大仏餅 （p160）

「落語中興の祖」三遊亭圓朝（初代）の創作落語と言われています。桂文楽（八代目）の十八番の一つです。

仲間に殴られて怪我をした新米の盲人のホームレスが、ある商屋を訪れます。商屋の主人が手当てをしてやり、「大仏餅」を食べさせたところ、ホームレスは喉に詰まらせてしまいます。主人があわてて背中を叩くと、ホームレスの目が開きました。「おや、目がお開きなさった！」「食べたのが大仏餅ですから、目から鼻へ抜けたんです」

※4 宿屋の仇討（p181）

「宿屋仇」「宿屋敵」などとも呼ばれます。大阪では笑福亭松鶴（五代目）、桂米朝（三代目）、東京では桂三木助（三代目）、柳家小さん（五代目）が十八番としていました。とある宿屋で騒ぐ3人の男たちを描いた、喜劇のような筋書きです。男たちの隣に、偶然泊まり合わせた侍は、うるさくてかないません。宿屋の伊八を呼びつけ、注意をするよう何度も促しますが、騒ぎは止みません。しまいに3人の男たちは嘘の武勇伝を語り始めます。「3年前に人を殺した」というホラ話を耳にした侍は、伊八を呼びつけ、男たちを宿から出さないよう言いつけます。「あいつらが、わしの妻と弟を殺した。明日仇討をするから絶対に逃がすな。もし逃がしたら、宿屋一同皆殺しだ！」。伊八はあわてて3人組をぐるぐる巻きにします。翌朝、伊八が侍に3人を差し出すと、彼はこう答えました。「仇討というのはウソだ。ああでも言わなきゃ眠れないだろう」

※本書では人名表記の一部を敬称略させていただいております。

参考文献

『家元を笑わせろ』（DHC／立川談志著）
『現代落語論』（三一書房／立川談志著）
『あなたも落語家になれる 現代落語論 其二』（三一書房／立川談志著）
『まくらコレクション 夜明けを待つべし』（竹書房文庫／立川談志、和田尚久著）
『まくらコレクション 談志が語ったニッポンの業』（竹書房文庫／立川談志、和田尚久著）
『落語と私』（文春文庫／桂米朝）
『醒睡笑 全訳注』（講談社学術文庫／安楽庵策伝著）
『ゼロから分かる！ 図解 落語入門』（世界文化社／稲田和浩著）

立川談慶（たてかわ・だんけい）

1965年、長野県上田市（旧丸子町）生まれ。
慶應義塾大学経済学部を卒業後、株式会社ワコールに入社。3年間のサラリーマン体験を経て、1991年に立川談志18番目の弟子として入門。前座名は「立川ワコール」。2000年に二つ目昇進を機に、立川談志師匠に「立川談慶」と命名される。2005年、真打ち昇進。慶應大学卒業の初めての真打ちとなる。 著書に『いつも同じお題なのに、なぜ落語家の話は面白いのか』（大和書房）、『大事なことはすべて立川談志に教わった』（KKベストセラーズ）、『「めんどうくさい人」の接し方、かわし方』（PHP文庫）、『談志語辞典』（誠文堂新光社）などがある。

ビジネスエリートがなぜか身につけている
教養としての落語

2020年 1 月10日　初版発行
2020年 3 月25日　第6刷発行

著　者　立川談慶
発行人　植木宣隆
発行所　株式会社サンマーク出版
　　　　東京都新宿区高田馬場2-16-11
　　　　（電）03-5272-3166
印　刷　共同印刷株式会社
製　本　株式会社村上製本所

ISBN978-4-7631-3807-1　C0030
ホームページ　https://www.sunmark.co.jp